D1748326

Investitionsgüter erfolgreich verkaufen

Lizenz zum Wissen.

Sichern Sie sich umfassendes Wirtschaftswissen mit Sofortzugriff auf tausende Fachbücher und Fachzeitschriften aus den Bereichen: Management, Finance & Controlling, Business IT, Marketing, Public Relations, Vertrieb und Banking.

Exklusiv für Leser von Springer-Fachbüchern: Testen Sie Springer für Professionals 30 Tage unverbindlich. Nutzen Sie dazu im Bestellverlauf Ihren persönlichen Aktionscode C0005407 auf www.springerprofessional.de/buchkunden/

Jetzt 30 Tage testen!

Springer für Professionals.
Digitale Fachbibliothek. Themen-Scout. Knowledge-Manager.

- Zugriff auf tausende von Fachbüchern und Fachzeitschriften
- Selektion, Komprimierung und Verknüpfung relevanter Themen durch Fachredaktionen
- Tools zur persönlichen Wissensorganisation und Vernetzung

www.entschieden-intelligenter.de

Springer für Professionals

Martin Maas

Investitionsgüter erfolgreich verkaufen

So machen Sie sich fit für die Praxis

Martin Maas
Bielefeld, Deutschland

ISBN 978-3-658-00838-3   ISBN 978-3-658-00839-0 (eBook)
DOI 10.1007/978-3-658-00839-0

Die Deutsche Nationalbibliothek verzeichnet diese Publikation in der Deutschen Nationalbibliografie; detaillierte bibliografische Daten sind im Internet über http://dnb.d-nb.de abrufbar.

Springer Gabler
© Springer Fachmedien Wiesbaden 2013
Das Werk einschließlich aller seiner Teile ist urheberrechtlich geschützt. Jede Verwertung, die nicht ausdrücklich vom Urheberrechtsgesetz zugelassen ist, bedarf der vorherigen Zustimmung des Verlags. Das gilt insbesondere für Vervielfältigungen, Bearbeitungen, Übersetzungen, Mikroverfilmungen und die Einspeicherung und Verarbeitung in elektronischen Systemen.

Die Wiedergabe von Gebrauchsnamen, Handelsnamen, Warenbezeichnungen usw. in diesem Werk berechtigt auch ohne besondere Kennzeichnung nicht zu der Annahme, dass solche Namen im Sinne der Warenzeichen- und Markenschutz-Gesetzgebung als frei zu betrachten wären und daher von jedermann benutzt werden dürften.

Lektorat: Manuela Eckstein

Gedruckt auf säurefreiem und chlorfrei gebleichtem Papier

Springer Gabler ist eine Marke von Springer DE. Springer DE ist Teil der Fachverlagsgruppe Springer Science+Business Media.
www.springer-gabler.de

Vorwort

Die Anforderungen an Vertriebsmitarbeiter im Investitionsgüterverkauf steigen seit vielen Jahren, da die Umfeld-Bedingungen komplexer werden, an. Dies wird sich in Zukunft weiter fortsetzen. Das bedeutet, dass Vertriebsmitarbeiter stetig nach effizienten Methoden zur Anpassung an die neuen Bedingungen Ausschau halten sollten. Das gilt ganz besonders für Einsteiger in den Investitionsgüterverkauf. Das vorliegende Buch stellt eine solche effiziente Möglichkeit dar. Es ist eine Kombination aus Vermittlung von nützlichem Vertriebs-Know-how und einem Selbsttrainingsprogramm. Denn: „Probieren" geht bekanntermaßen über „Studieren". Das Buch soll den Vertriebseinsteiger auf seine zukünftigen Aufgabenstellungen vorbereiten, ihn mit dem Trainingsprogramm in den ersten Monaten begleiten. Der Investitionsgüterverkauf hat nach wie vor handwerklichen Charakter, und so wie bei jedem Handwerk auch, gibt es eine Reihe von Handgriffen, die sich einem nur selten sofort erschließen, sondern sie gezielt vermittelt und geübt werden sollten. Im Verkauf kommt dann noch eine Vielzahl von Themen, beispielsweise aus dem Bereich des Verhaltens, hinzu, da Menschen von Menschen kaufen und nicht Unternehmen von Unternehmen. Je mehr man darüber weiß, desto besser kann man sein eigenes Verhalten, seine Methoden und Vorgehensweisen ausrichten.

Die Idee zu diesem Buch entstand Anfang 2012 und das Manuskript wurde im Sommer fertiggestellt. Mein Dank gilt meiner Tochter Charlotte, die hin und wieder durch lässige Seitenbemerkungen aus meiner manchmal komplexen Ausdrucksweise verständliche Sätze gestaltete. Ihnen, liebe Leser und Praktiker, wünsche ich, dass Sie viel Nützliches aus dem Buch für sich mitnehmen und in Ihrer Verkaufspraxis einsetzen können. Ich wünsche Ihnen stets Erfolg und eine glückliche Hand.

Bielefeld im Frühjahr 2013   Martin Maas

Inhaltsverzeichnis

Der Autor XI

Der Mensch ist ein Verkäufer XIII

Sie werden an dem gemessen, was Sie getan haben,
und nicht an dem, was Sie tun wollten XVII

1 **Einführung in die Verkaufspraxis von Investitionsgütern und Vorbereitung des Trainingsprogramms** 1
  1.1 Einstieg in den Investitionsgüterverkauf 1
  1.2 Die Verkaufsaufgabe 2
      1.2.1 Das Selbstverständnis und die Rolle des Vertriebsmitarbeiters 3
      1.2.2 Das aktuelle Image des Vertriebs 5
      1.2.3 Die Motive des Vertriebsmitarbeiters – was ist reizvoll an der Verkaufsaufgabe? 6
  1.3 Die Differenzierung – Das Grundkonzept Ihres Erfolgs 7
      1.3.1 Die Ausgangslage – Das Strategische Dreieck 9
      1.3.2 Von der Differenzierung zum Wettbewerbsvorteil 11
      1.3.3 Der Transfer von der Institutionsebene zur Personenebene im Strategischen Dreieck 13
      1.3.4 Die persönliche Differenzierung – Ihr persönlicher Wettbewerbsvorteil 14
      1.3.5 Differenzierungsfeld „Verhalten" 15
      1.3.6 Differenzierungsfeld „Vorgehensweise/Abläufe" 16
      1.3.7 Differenzierungsfeld „Inhalte/Mittel" 17
      1.3.8 Eine erste Übung 18

1.4		Intuition und Verkauf	20
1.5		Praxistipps für einen gelungenen Einstieg in die Vertriebsaufgabe	21
	1.5.1	Wie man einen Elefanten isst	21
	1.5.2	Seien Sie professionell von Anfang an	22
	1.5.3	Bring- und Holschuld gehen Hand in Hand	23
	1.5.4	Erfahrungszuwachs ist der Schlüssel zur Steigerung Ihrer Verkaufseffizienz	23
	1.5.5	Das Geschäft wird beim Kunden gemacht	24
	1.5.6	Erfahrung bringt Effizienz – die Verkaufschance den Vertrag	26
	1.5.7	Verkaufserfolg ist berechenbar	28
	1.5.8	An die Grenzen gehen	30
	1.5.9	Der Vorteil des Fleißes	31
	1.5.10	Es geht nichts über ein konstruktives Feedback	31
2		**Machen Sie sich fit für die Praxis**	**35**
2.1		Fünf Einstiegsübungen zu verkaufspsychologischen Grundlagen	35
	2.1.1	Das Streben danach, sich selbst treu zu sein – das Gesetz der Konsistenz	36
	2.1.2	Dankbarkeit ist ein menschliches Grundbedürfnis – das Gesetz der Reziprozität	38
	2.1.3	Ja sagen fällt leichter – das Gesetz der Freundlichkeit	40
	2.1.4	Die Bedeutung der Referenz – das Gesetz der Mehrheit	41
	2.1.5	Was knapp ist, wird begehrt – das Gesetz der Knappheit	44
2.2		Zehn Praxisübungen für Ihren Einstieg ins Tagesgeschäft	45
	2.2.1	Ihre Vorbereitung für das Tagesgeschäft	46
	2.2.2	Ihre Zeitplanung	48
	2.2.3	Ihr erster Akquisitionsplan	50
	2.2.4	Ihre Akquisitionsvorbereitung und -durchführung	52
	2.2.5	Ihr erster Kundentermin	55
	2.2.6	Ihr Verkaufsplan	57
	2.2.7	Ihre persönliche Differenzierung	63

	2.2.8	Ihre Wettbewerbsvorteile	67
	2.2.9	Ihr Chancenpolster	69
	2.2.10	Ihre kurzfristige Vertragsabschlussplanung	72

3 Und was kommt dann? Tipps für Ihre Zukunft 75
  3.1 Die Routine macht Sie zum Meister...................... 76
  3.2 Ihr persönlicher Verkaufsstil entsteht 77
  3.3 Der Umgang mit Niederlagen............................ 78
  3.4 Win-Win-Situation oder Nullsummenspiel – manchmal eine Frage des Gewissens................................ 80
    3.4.1 Das Spannungsfeld zwischen Win-Win-Situation und Nullsummenspiel 82
    3.4.2 Ursachen und Einflüsse, die unterschiedliche Verhandlungsergebnisse begründen 82
    3.4.3 Der gute Weg – ein Tipp.......................... 86
  3.5 Vom Umgang mit Hindernissen und wie Sie der Sache Herr werden 88
    3.5.1 Administration – welches Formular denn noch? 89
    3.5.2 Schnittstellenmanagement – es dauert und dauert..... 90
    3.5.3 Die Rahmenbedingungen – die anderen haben es besser..................................... 91
    3.5.4 Negative Beeinflussungen – wie erkenne ich sie und wie kann ich ihnen widerstehen?............... 94
    3.5.5 Probleme mit Kollegen – wie gehe ich damit um? 96
    3.5.6 Probleme mit Vorgesetzen – wie gehe ich vor? 98
  3.6 Veränderungsbereitschaft – anfänglicher Widerstand ist normal... 104
    3.6.1 Restrukturierungen 106
    3.6.2 Umgang mit Veränderungen 107
    3.6.3 Wem gehört das Verkaufspotenzial? 109
  3.7 Team-Selling – eine anspruchsvolle Sonderform im Verkauf 110
    3.7.1 Chancen und Risiken in der Zusammenarbeit transparent und bekannt machen 112
    3.7.2 Die Rolle des Vertriebsspezialisten definieren......... 114
    3.7.3 Das Provisionssystem gestalten 116
    3.7.4 Ein Grundsatz, um Ziele richtig zu stecken 117

3.8	Ihre Karrieremöglichkeiten – Sie gestalten die Zukunft	118
3.8.1	Wann ist der nächste Karriereschritt sinnvoll – wie bereite ich ihn vor?	118
3.8.2	Key Account Management	120
3.8.3	Projektmanagement	121
3.8.4	Mitarbeiterführung	121
3.9	Zum vorläufigen Schluss – worauf Sie noch achten sollten	124

Literatur 127

Sachverzeichnis 129

Der Autor

Martin Maas, Jahrgang 1963, studierte nach einer Ausbildung zum Bankkaufmann Betriebswirtschaftslehre in Bielefeld mit den Studienschwerpunkten Marketing und Finanzwirtschaft. Nach Abschluss des Studiums startete er seinen beruflichen Werdegang 1990 als Vertriebsrepräsentant für Investitionsgüter bei der Kodak AG, wo er nach einigen Jahren Führungsverantwortung im Verkauf übernahm. In der Folge durchlief Martin Maas verschiedene Stationen in verschiedenen Führungsebenen im Vertrieb und ist heute als Regional Director für Produktionsdrucksysteme bei einem weltweit führenden Hersteller beschäftigt. Neben seiner Arbeit als Führungskraft ist er in verschiedenen Sonderprojekten tätig, beispielsweise bei der Gestaltung der Einführung des Key Account Managements, der Konzeptionierung und Einführung neuer Geschäftsfelder, Consulting „Professionelle Beratung gegen Honorar" u. v. m. 2001 veröffentlichte Martin Maas sein Buch „Praxiswissen Vertrieb" bei Springer Gabler, das 2012 in 4. Auflage erschien.

Der Mensch ist ein Verkäufer

Wir Menschen „verkaufen" in vielen Lebenslagen jeden Tag: uns selbst, unsere Ideen und immer dann, wenn es um die Wahrnehmung und Durchsetzung unserer Interessen geht. Warum tun wir das, was nützt es uns? Antworten darauf können uns helfen, die in Zusammenhang mit dem Beruf des Verkäufers stehenden Prinzipien, Methoden, Vorgehensweisen und Inhalte von Grund auf besser zu verstehen. Der bekannte schottische Ökonom Adam Smith – viele von Ihnen werden ihn kennen – und Verfasser eines der Hauptwerke der Wirtschaftswissenschaften, nämlich „Der Wohlstand der Nationen" (An Inquiry into the Nature and Causes of the Wealth of Nations, 1776), führt darin u. a. sinngemäß aus, dass jeder Mensch bestrebt sei, seine gegenwärtige Lebenssituation zu verbessern.

Was sich so selbstverständlich und leicht liest, hat ziemliches Gewicht, denn Adam Smith sagt damit gleichzeitig, dass der Mensch ein Wesen ist, das sich nicht mit seinem Status Quo zufrieden gibt, sondern fortwährend bewusst oder unbewusst danach strebt, seine gegenwärtige Lebenssituation zu verbessern. Dieses Streben wird durch Bedürfnisse ausgedrückt. Bedürfnisse entstehen durch das Auftreten eines Mangelgefühls verbunden mit dem Wunsch, diesen Mangel zu beseitigen – beispielsweise Durst oder Hunger, der Wunsch nach Nähe, Freude, Zufriedenheit, Zuwendung, materiellem Besitz, Erholung und Geborgenheit, um nur einige Beispiele zu nennen. Aus dem Bedürfnis entsteht der Bedarf, also die Konkretisierung dessen, wodurch das Mangelerlebnis beseitigt werden kann. Handelt es sich um Durst, dann könnte der Bedarf ein Erfrischungsgetränk sein, um das Mangelgefühl zu beseitigen. Handelt es sich bei einem Kleinkind um das Bedürfnis nach Freude, dann könnte der Bedarf nach einem Spielzeug entstehen. In beiden Fällen müssen der durstige Erwachsene und das nach Freude strebende Kleinkind ihr Interesse auf die Bedarfserfüllung richten und das damit verbundene Interesse irgendwie zum Ausdruck bringen und durchsetzen. Der Durstige, nehmen wir an, dass er über Geldmittel verfügt, könnte den Bedarf durch den Kauf eines Erfrischungsgetränks decken – was aber, wenn er kein Geld hat? Das Kleinkind, das Geld noch nicht kennt und sich noch nicht sprachlich verständigen kann, könnte beginnen zu schreien, um Aufmerksamkeit zu erregen und seinem Mangelgefühl Ausdruck zu verleihen. Die Eltern könnten versuchen, das Kind zu beruhigen und verschiedene Möglichkeiten ausprobieren; wird dem Kind ein Spielzeug überreicht, beginnt es zu lächeln, es schreit nicht mehr, das Mangelgefühl ist beseitigt. Beide Bedürfnisse erfordern in der Regel eine Interaktion mit anderen Menschen, es sei denn, der Durstige kauft sein Getränk am Automaten. Und: Die Methoden zur Bedürfnisbefriedigung sind in beiden Beispielen unterschiedlich – einerseits Kauf und andererseits Schreien. Es gibt also verschiedene Wege, sein Interesse zu verfolgen und durchzusetzen, um seine Bedürfnisse zu befriedigen.

In vielen Fällen der Interessendurchsetzung ist es notwendig, dass ein anderer dazu bewegt wird, etwas zu tun oder zu geben. Dazu ist der andere manchmal aber anfänglich gar nicht bereit – er sieht keinen Nutzen für sich oder hat andere dagegensprechende Gründe. Genau wie der Verkäufer muss der Einzelne sich nun etwas einfallen lassen, er muss Mittel wählen, die den anderen davon überzeugen, etwas zu geben oder zu tun. Dazu zählen leider auch unschöne Mittel wie Gewaltanwendung, Diebstahl und Erpressung, auf die wir hier nicht weiter eingehen.

Eine besonders wirkungsvolle und gesellschaftlich akzeptierte Form der Interessenverfolgung/-durchsetzung ist die Überzeugung des anderen mittels Sprache. Sich in der zwischenmenschlichen Interaktion sprachlich Gehör zu verschaffen und zu versuchen, seine Ideen durchzusetzen, um für sich und/oder alle Betroffenen einen Nutzen zu erzielen, ist wahrscheinlich das am häufigsten eingesetzte Mittel. Sie finden es in allen Lebenslagen, ob beruflich oder privat, jung oder alt, zwischen Paaren, Geschwistern, Kindern und Eltern oder Kollegen. Menschen versuchen, durch sprachliche Argumentation, gegebenenfalls mit Unterstützung von Vorführungen zur Verstärkung ihrer Argumente, ihre Ziele zu erreichen. Beispielsweise zeigt eine junge Frau ihrem Vater, wie gut ihr das ersehnte Kleid steht, oder der Partner demonstriert anhand von Bildern in Reiseprospekten, wie schön es wäre, dieses oder jenes Reiseziel auszuwählen. Wenn es gut gemacht ist, dann kauft der Vater höchstwahrscheinlich das Kleid und der Partner bucht die gemeinsame Reise. Die Form der Interessenverfolgung bzw. – durchsetzungsversuche mittels sprachlicher Argumentation ist vergleichsweise einfach, praktisch, effektiv und, wie eingangs erwähnt, gesellschaftlich akzeptiert.

Was ist nun der Unterschied zum Verkauf im beruflichen Zusammenhang? Hinsichtlich des Verhaltens gibt es keinen Unterschied – es findet genau dasselbe statt. Der sogenannte „Verkauf" greift zu den gleichen Mitteln, nur findet dies dann in einem ökonomischen Kontext statt, und er ist öffentlich, d. h. für Dritte sichtbar. Der Verkäufer gibt sich als solcher zu erkennen. Sein Ziel, nämlich eine Dienstleistung oder ein Produkt zu vertreiben, ist bekannt – den betroffenen Ansprechpartnern ist klar, wonach er strebt, um Belohnungen wie Provisionen, Bonus, Anerkennung und Zufriedenheit mit der Aufgabenerfüllung zu erreichen. Auch die Ansprechpartner machen dem Verkäufer deutlich, was sie wollen, nämlich üblicherweise unter wirtschaftlichen Gesichtspunkten ein Beschaffungsvorhaben zu realisieren. Das, was alle Menschen tun, nämlich täglich „verkaufen", hat der Verkäufer zu seinem Beruf gemacht; er hat sich auf die Verkaufstätigkeit in einem durch das Produkt und/oder die Dienstleistung, die Wettbewerber, das Kundenverhalten und die branchenspezifischen Eigenheiten definierten Rahmen spezialisiert.

Insofern ist es aus meiner Sicht richtig, festzustellen, dass jeder Mensch ein Verkäufer ist. Manchmal frage ich mich, ob dies nicht genau der Grund dafür ist, dass dem Verkäufer hin und wieder mit Skepsis begegnet wird. Vielleicht haben einige Menschen im Bewusstsein dessen, dass sie selbst auch ständig „verkaufen", Respekt oder womöglich sogar etwas Angst vor einem Verkäufer, weil sie davon ausgehen, dass sie es mit jemandem zu tun haben könnten, der es vielleicht besser kann, weil er es zu seiner Profession gemacht hat – und dass im Ergebnis dann der andere unterliegen oder etwas verlieren könnte.

Sie, als Leser des vorliegenden Buches, haben sich entschlossen, Ihre angeborene und – wie wir oben hergeleitet haben – menschliche Neigung zum Verkaufen zu professionalisieren. Wahrscheinlich sind Ihre Neigung und Ihre verkäuferischen Basiskompetenzen in besonderem Maße ausgeprägt. Damit werden Sie, davon bin ich nach mehr als 20-jähriger Verkaufspraxis überzeugt, einen der schönsten Berufe ergreifen, die man im Bereich der Wirtschaft auswählen kann. Sie werden Ihre Sprache einsetzen können, Sie stellen sich täglich neuen Herausforderungen, werden oft das Gefühl der

Zufriedenheit durch Ihre Verkaufserfolge verspüren können und schaffen sich damit eine gute Grundlage für weitere Karriereschritte. Die Anstrengungen und Belohnungen sind es auf jeden Fall wert, diesen Beruf auszuüben. Ich freue mich sehr, Ihnen bei Ihrem Vorhaben mit diesem Buch behilflich sein zu können.

Sie werden an dem gemessen, was Sie getan haben, und nicht an dem, was Sie tun wollten

Das vorliegende Buch verfolgt einen zweifachen Ansatz: Zum einen wird in den Teilen 1 und 3 nützliches Vertriebs-Know-how vermittelt, zum anderen ist Teil 2 des Buches ein Selbsttrainingsprogramm. Frei nach dem Motto „Übung macht den Meister" bin ich davon überzeugt, dass Sie sich am schnellsten in den Vertriebsalltag einarbeiten können, wenn Sie diese Zeit mit praktischen Übungen begleiten, die Ihre Arbeitsinhalte und Aufgabenstellungen aufgreifen. Etwas im Verkauf sofort zu tun ist besser, als darüber nachzudenken oder sich vorzunehmen, etwas tun zu wollen. Je schneller Sie als Einsteiger in eine Vertriebsaufgabe mit der Praxis beginnen, umso besser – es gilt, keine Zeit zu verlieren, denn diese ist im Vertrieb knapp bemessen. Gerade am Anfang besteht das Risiko, sich mit Aufgaben zu befassen, die nur wenig Relevanz für den Verkaufserfolg haben. Verkaufen ist ein handwerklich geprägter Beruf. Es geht zu Beginn darum, die richtigen und für die Aufgabe notwendigen „Handgriffe" zu üben und zu lernen, um zügig voran zu kommen. Alles, was nicht dazugehört, ist Ballast und sollte vermieden werden, es raubt Ihnen nur wertvolle Zeit.

Sie finden in den Übungsteilen eine Vielzahl von Arbeitsblättern. Wenn Sie dieses Buch zu Ihrem persönlichen „Begleiter" machen, so empfehle ich Ihnen, die Arbeitsblätter in diesem Buch direkt auszufüllen – gegebenenfalls mit Bleistift. Ansonsten können Sie natürlich auch die Ergebnisse anderweitig notieren und den Aufgaben zuordnen. Der Aufbau der Arbeitsblätter ist einfach gehalten, so dass die Übertragung schnell gemacht ist (Abb. 1).

Der erste Teil führt Sie in die moderne Verkaufspraxis von Investitionsgütern ein und bereitet Sie als Leser und Praktiker auf den zweiten Teil, den Trainingsteil, vor. Im dritten Teil setzen wir uns mit weiterführenden Inhalten und Aspekten der Vertriebsaufgabe auseinander. Teil 1 und 3 bieten nützli-

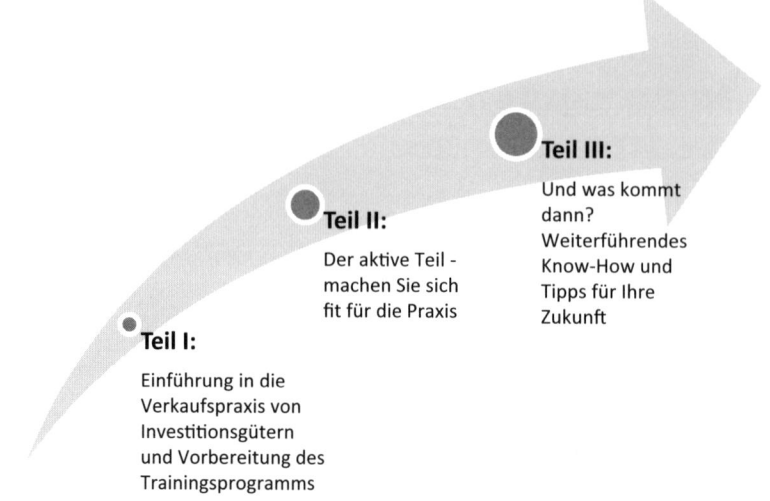

Abb. 1 Der inhaltliche Aufbau dieses Buches

che Grundlagen und weiterführendes Wissen. Teil 2 fordert zum Mitmachen, Üben und Trainieren auf – hier sind Sie gefragt, um durch die Einbeziehung der Praxis zu lernen und sich durch Übungen auf bevorstehende Aufgaben vorbereiten zu können.

Die drei Hauptteile im vorliegenden Buch bauen aufeinander auf, greifen aber nicht so ineinander über, dass das Buch nur funktioniert, wenn Sie Seite um Seite studieren. Sie können sich, je nach aktuellem Interesse, jedem Teil, jedem Kapitel und Abschnitt auch getrennt widmen. Entschließen Sie sich jedoch, den Trainingsteil zu absolvieren, so empfehle ich, unbedingt zunächst Teil 1 zu lesen und zu bearbeiten.

Manche Abschnitte haben es in sich; einem Berufseinsteiger erschließen sich nicht alle Inhalte gleich beim ersten Lesen, da es noch an verkaufsspezifischen Erlebtem fehlt. Das sollte Sie aber auf keinen Fall entmutigen. Stellen Sie am Anfang hohe, aber nicht zu hohe Anforderungen an sich selbst. Lesen Sie, wenn Sie einmal unsicher sind oder das Thema noch nicht ganz erfassen konnten, den Abschnitt zu einem späteren Zeitpunkt noch einmal oder mehrmals (so mache ich es heute immer noch). Fragen Sie Ihren Vorgesetzten oder diskutieren Sie die Inhalte mit Ihren Kollegen. Betrachten Sie das Buch als Arbeitsbuch, als einen Begleiter in Ihrem Tagesgeschäft, so wird es Ihnen am besten nützen.

1 Einführung in die Verkaufspraxis von Investitionsgütern und Vorbereitung des Trainingsprogramms

1.1 Einstieg in den Investitionsgüterverkauf

Viele Investitionsgüter, im privaten Umfeld Gebrauchsgüter genannt, sind aufgrund ihrer Komplexität und verbunden mit der Tatsache, dass sie nicht täglich, sondern nur alle „n" Jahre beschafft werden, erklärungsbedürftig. Es ist für diejenigen, die mit der Beschaffung betraut sind, recht schwierig, immer auf dem neuesten Stand des Wissens zu sein. Diese Personen müssen in der Regel noch andere Beschaffungen tätigen und sich dann darauf konzentrieren. Ohne Vertriebsmitarbeiter, die in professioneller Form den Verkaufsprozess führen und den Kunden beratend zur Seite stehen, wäre es für den beschaffenden Personenkreis schwierig, bisweilen unmöglich, eine richtige oder sogar die beste Entscheidung treffen zu können. Ohne den Vertriebsmitarbeiter geht es meistens nicht.

Erklärungsbedürftige Investitionsgüter sind dadurch gekennzeichnet, dass sie mit einem hohen Investitionsvolumen verbunden sind, was gleichzeitig ein hohes Investitionsrisiko darstellt. Das bedeutet, dass Fehlentscheidungen, also Fehlinvestitionen, einen größeren betriebswirtschaftlichen Schaden verursachen können. Solche Fehlentscheidungen haben schon manche Unternehmen in den Konkurs getrieben. Die meisten Personen, die mit der Beschaffung erklärungsbedürftiger Investitionsgütern beauftragt werden, sind sich über diesen Umstand im Klaren, sie kennen das Risiko und stellen sich darauf ein. Sie wählen mit Bedacht aus und versuchen, die Risiken zu minimieren. „Objektive" Beratung im Rahmen des Verkaufsprozesses stellt einen wichtigen Faktor zur Risikominimierung dar. Bei der Beratung stehen jedoch nicht in erster Linie Produktkenntnisse im Vordergrund, sondern die Fähigkeit des Vertriebsmitarbeiters, die bevorstehende Investition für den Kunden in einen größeren Zusammenhang einordnen zu können. Es geht weniger um die Darstellung von Produkt- und Dienstleistungskonditionen im Rahmen der Angebotsgestaltung, sondern darum, für den Kunden ökonomisch nutzbringende betriebswirtschaftliche Unterlagen anzufertigen, z. B.:

- Wie steht es um den „Roi" (Return on Investment)?
- Wann ist ein Kapitalrückfluss gegeben?
- Welche Vor- und Nachteile weisen unterschiedliche Finanzierungsformen auf?
- Welchen Einfluss hat die Investition auf die Arbeitskosten?
- Wo sind Produktivitätsverbesserungseffekte sichtbar?

Ein Vertriebsmitarbeiter, der seinen Kunden Antworten auf beispielsweise obige Fragen liefert, erarbeitet auch gleichzeitig für den Kunden eine Entscheidungsgrundlage, die diesem wiederum hilft, mit seiner Arbeit zügig voranzukommen. Außerdem eröffnet diese Vorgehensweise dem Vertriebsmitarbeiter die Möglichkeit, günstige und attraktive Effekte und Kennzahlen besonders positiv herauszustellen, die Aufmerksamkeit darauf zu lenken und damit die Richtigkeit einer Entscheidung zu seinen Gunsten zu unterstreichen. Für den Verkäufer des Wettbewerbsunternehmens wird es dann schwieriger, auf gleiche Höhe zu gelangen. Wenn derartige Ausarbeitungen inhaltlich treffend – also kundenorientiert – und optisch ansprechend angefertigt werden, dann erzielt der Vertriebsmitarbeiter eine beeindruckende Wirkung auf den Kunden.

1.2 Die Verkaufsaufgabe

Die Bedeutung des Verkaufs steigt in vielen Unternehmen weiter an. Der Verkauf, oder auch Vertrieb genannt, hat operativen Charakter und wird gelegentlich auch als die „Speerspitze des Marketing" bezeichnet (vgl. J. Witt 1983). Vertriebsmitarbeiter repräsentieren und übermitteln den Leistungsumfang eines Unternehmens zum potenziellen Kunden. Über die Akquisitionstätigkeit nimmt der Vertriebsmitarbeiter Kontakt auf, vereinbart persönliche Besprechungstermine, nimmt diese wahr, ermittelt die Kundensituation und den

1.2 Die Verkaufsaufgabe

Bedarf, entwirft Lösungskonzeptionen, verteidigt sein Angebot gegenüber dem Wettbewerb – alles verbunden mit dem Ziel, dass der Kunde eine Entscheidung zu seinen Gunsten trifft, kurz: einen Vertragsabschluss herbeiführt. Aufgrund der steigenden Komplexität von Produkten und Dienstleistungen, u. a. durch die steigende „Vernetzung" im allgemeinen und verbunden mit der Tatsache, dass der Vertriebsbereich, konkret: die mit dem Verkauf beauftragten Vertriebsmitarbeiter, verantwortlich sind für die Generierung von ergebniswirksamen Verkaufsabschüssen zwischen Kunden und Unternehmen, ist die Bedeutung dieses Bereiches enorm hoch. Der Vertrieb generiert die Geschäfte zwischen Unternehmen und Kunden. Das ist die Hauptaufgabe des Vertriebsbereiches und somit der Vertriebsmitarbeiter.

1.2.1 Das Selbstverständnis und die Rolle des Vertriebsmitarbeiters

Der Verkauf erklärungsbedürftiger Investitionsgüter wirft immer wieder aufs Neue eine Frage auf: Welchem Profil soll ein Vertriebsmitarbeiter entsprechen, um in seinem Verantwortungsbereich erfolgreich oder sogar überdurchschnittlich agieren zu können? „Es muss eine ausgesprochene Verkäuferpersönlichkeit sein, die über ein Höchstmaß an Verkaufsgeschick verfügt", behaupten einige Unternehmen, wenn sie sich auf die Suche nach Vertriebsmitarbeitern begeben. Zur Begründung dieser Position wird häufig der Wettbewerbsdruck, die allgemeine Marktdynamik, das Verhandlungsgebaren oder der Kampf um den Auftrag angeführt, der nur durch einen geschickt handelnden, durchsetzungsstarken Vertriebsmitarbeiter bewältigt werden kann. Andere hingegen sagen, dass dieser Ansatz antiquiert sei, dass Leistungen immer vergleichbarer und gleichzeitig komplexer werden, so dass ein „Beratertyp" gefragt ist, der von der Aufgabenstellung her eher eine systematisch beratende Funktion ausübt, der durch seine Kompetenz überzeugt und so zum Auftrag gelangt. Aspekte wie Verkaufsgeschick, Kenntnisse des Wettbewerbs oder Verkaufsdruck treten dabei eher in den Hintergrund.

Was ist nun richtig? Tatsächlich ist es so, dass die meisten erklärungsbedürftigen Produkte und Dienstleistungen, oder Kombinationen aus beiden, komplexer, anspruchsvoller, kurz: schwieriger geworden sind. Einem geübten Fahrer und Einkäufer erschloss sich ein LKW vor 30 Jahren nahezu von selbst, aber wie sieht es mit den heutigen modernen „High-Tech"-LKWs aus? Höchstwahrscheinlich sind Fahrer und Einkäufer auf Erklärungen angewiesen, von alleine erklärt sich ein solches Investitionsgut eher nicht mehr. Heute sind Kommunikationsmittel wie Telefonanlagen, Drucksysteme oder ähnliches in der Regel in ein Netzwerk eingebunden, d. h. ohne die IT-Abteilung kann kein Verkauf stattfinden. An die Stelle des einzelnen Einkäufers tritt ein Einkaufsteam, und der Umgang mit der Gruppe ist vielschichtiger als der Umgang mit einer Einzelperson. Das technische Hintergrundwissen des Vertriebsmitarbeiters muss ebenfalls umfangreicher sein, zum Produktwissen selbst gesellen sich jetzt auch IT-Wissen und Wissen um Abläufe und Prozesse hinzu.

Auf der anderen Seite bewegt sich ein Vertriebsmitarbeiter nach wie vor in einem Marktumfeld, und er steht seinem Wettbewerb gegenüber, der ebenfalls interessiert daran ist, den Auftrag zu erhalten. Der Vertriebsmitarbeiter muss sich immer noch durchsetzen, es muss ihm immer noch gelingen, dem Einkauf oder dem mit der Beschaffung beauftragtem Team das möglichst beste Angebot unterbreiten zu können. Er muss es immer noch schaffen, eine sehr gute persönliche Beziehung aufbauen zu können, und möglichst frühzeitig eine Präferenz zu seinen Gunsten erzeugen. Das sind zusammengenommen die Aspekte, die eine Verkäuferpersönlichkeit voraussetzen.

Die Antwort auf die am Anfang dieses Abschnitts gestellte Frage lautet daher: Der Vertriebsmitarbeiter von heute muss beides sein, auf der einen Seite eine Verkäuferpersönlichkeit, auf der anderen Seite ein Beratertyp. Nach meiner Auffassung sollte die Verkäuferpersönlichkeit überwiegen, die das Beraterwissen nutzt, um weiterhin zielstrebig auf den Vertragsabschluss hinzuwirken. Im Ergebnis bedeutet dies, dass ein Vertriebsmitarbeiter das Handwerk des Verkaufs beherrschen muss und gleichzeitig ein hohes Maß an Wissen und Beratungskompetenz in sich vereinen sollte, um die weiterhin ansteigende Komplexität bewältigen zu können. Das ist es, was sich Kunden wünschen. Kunden sind heute auf kompetente Beratung angewiesen, ohne diese erschließt sich ihnen die Komplexität der zu beschaffenden Produkte und Leistungen zumeist nicht mehr. Auch hat der Kunde keine vollständige Markttransparenz. Aufgrund der sich verkürzenden Innovationszeiträume und der steigenden Anzahl von Anbietern durch den Wegfall weltweiter Handelshemmnisse (Währung, Abschottung, verbesserte Sprachkenntnisse) wird es immer schwieriger für den mit der Beschaffung beauftragten Mitarbeiterkreis, den letzten Stand der Technik oder des Dienstleistungslevels zu kennen. Der Vertriebsmitarbeiter bewegt sich auf Augenhöhe mit dem Beschaffer – das historische Gefälle zwischen Einkauf („Was wollen Sie mir denn verkaufen?") und dem Vertriebsmitarbeiter verschwindet immer mehr. Das wirkt sich auch förderlich auf das Image des Vertriebsmitarbeiters aus, dem wir uns im folgenden Abschnitt zuwenden.

1.2.2 Das aktuelle Image des Vertriebs

Es gab Zeiten, da hatten Vertriebsmitarbeiter keinen besonders guten Ruf. Auch wurden meist alle Vertriebsmitarbeiter, vollkommen unabhängig vom zu verantwortenden Produkt- und Dienstleistungsumfang, praktisch in einen Topf geworfen – es wurde kein Unterschied zwischen einem Marktschreier und einem Anlagenvertriebsmitarbeiter gemacht, irgendwie waren alle gleich. Sie galten zuweilen als lästig, ungeheuer geschickt, manchmal als unseriös und sie verfügten über eine ganze Reihe von „Verkaufstricks": „Ich schmeiße ihn vorne raus und er kommt hinten wieder rein …" – wer kennt diesen Satz nicht? Auf eine besonders humorvolle Art und Weise setzte sich der große deutsche Humorist Loriot mit diesem Ruf auseinander und schuf den unvergleichlichen Sketch mit einem Wein-, einem Staubsauger- und einem Versicherungsvertreter in der Wohnung der Familie Hoppenstedt – eine Zuspitzung der in der Bevölkerung vorhandenen Klischees. Diejenigen von Ihnen, die diese Klischees überwunden haben, wissen jetzt, dass die Lebenswirklichkeit eine andere ist. Aber der Fortbestand dieser Klischees hält immer noch Menschen davon ab, sich einer Vertriebsaufgabe zu nähern, vielleicht aus Angst, die Türe vor der Nase zugeschlagen zu bekommen oder mit einem bandagierten Arm zur Unzeit ein Produkt vorführen zu müssen …

Für die Gruppe derjenigen Vertriebsmitarbeiter, die anspruchsvolle Gebrauchs- oder Investitionsgüter verkaufen, stimmt das oben beschriebene Bild schon lange nicht mehr. Im vorherigen Abschnitt haben wir uns eingehend mit den Ursachen befasst. Der Ruf, das Image, also Meinungen und Einstellungen zu diesem Berufsbild, haben sich grundlegend verändert. Der Vertriebsmitarbeiter ist hoffähig geworden. Es hat sich mittlerweile herumgesprochen, dass Vertriebsmitarbeiter einer anspruchsvollen Tätigkeit nachgehen, die im Gegenzug auch überdurchschnittlich hoch entlohnt wird. Immer mehr Menschen mit einem Hochschulabschluss suchen ihren Berufseinstieg im Vertrieb

– viele bleiben viele Jahre in der Funktion, sind erfolgreich, zufrieden, kurz: sie fühlen sich wohl. Meinungen und Einstellungen zu dieser Aufgabe haben sich in Positive gekehrt, der Vertrieb hat einen guten Ruf.

1.2.3 Die Motive des Vertriebsmitarbeiters – was ist reizvoll an der Verkaufsaufgabe?

Die Motive, eine Vertriebsaufgabe übernehmen zu wollen, sind sehr vielfältig, so vielfältig wie die Menschen selbst. „Den Vertriebsmitarbeiter" und „das Motiv" gibt es nicht. Das wird in der Praxis gelegentlich übersehen, und das nährt die Klischees, mit denen der Vertriebsmitarbeiter hin und wieder charakterisiert wird. Nachfolgend habe ich Ihnen, ohne Anspruch auf Vollständigkeit, einige Motive zusammengestellt – klären Sie bitte für sich, was Sie motiviert hat, in den Vertrieb zu gehen:

- Im Vergleich zu anderen Funktionen kann im Vertrieb bei gleicher Vorqualifikation (Ausbildung, Studium usw.) ein deutlich höheres Einkommen erzielt werden.
- Bei entsprechender Vergütung mittels Provisionen hat der Vertriebsmitarbeiter die Möglichkeit, die Höhe seines Einkommens selbst zu beeinflussen.
- Die Tagesarbeit, die unternehmerische Merkmale aufweist, verschafft Vertriebsmitarbeitern große Freiheitsgrade in der täglichen Ausgestaltung der Aufgabe.
- Die Tatsache, nicht jeden Tag im Büro eines Unternehmens seine Arbeit zu verrichten, sondern im Außendienst Kunden zu besuchen, kurz: der Umgang mit unterschiedlichen Menschen, stellt ebenfalls ein reizvolles Motiv dar.
- Berufseinsteiger (z. B. nach dem Studium) versuchen häufig eine Aufgabe zu finden, in der sie Erfahrungen sammeln können, um sich damit eine Basis für weitere Karriereschritte erarbeiten zu können. Der Direktvertrieb bietet dafür günstige Möglichkeiten.
- Der Vertrieb hat handwerklichen Charakter und ist im Vergleich zu manch anderer Funktion deutlich beständiger und verlässlicher.
- Ein weiteres bedeutsames Motiv ist, persönliche Erfolge zu erzielen, die im Wesentlichen auf die Fähigkeiten und die Persönlichkeit des Vertriebsmitarbeiters zurückzuführen sind. Der Erfolg, der sich in einem mit dem Kun-

den abgeschlossenen Vertrag ausdrückt, ist sichtbar und steigert das Selbstbewusstsein des Vertriebsmitarbeiters immer wieder neu.

Diese Liste erhebt keinen Anspruch auf Vollzähligkeit, es gibt ganz sicher weitere Motive, die Menschen veranlassen, einer Vertriebsaufgabe nachzugehen, doch die oben aufgeführten Motive sind häufig anzutreffen. Haben Sie sich wiedergefunden?

1.3 Die Differenzierung – Das Grundkonzept Ihres Erfolgs

Jede Maßnahme, Taktik, Systematik und Anwendung erlernter Fertigkeiten im Tagesgeschäft stellt die Realisierung vorheriger Überlegungen zur persönlichen Verkaufskonzeption dar – die Intuition klammern wir in diesem Abschnitt zunächst aus. Die in diesem Zusammenhang zu stellende Frage lautet: Welche grundlegende Strategie oder Systematik lege ich meiner Vorgehensweise zugrunde, um zukünftigen Verkaufserfolg am besten sicherstellen zu können? Es geht zunächst also um eine grundlegende Konzeption zur Bestimmung der generellen Ausrichtung der Handlungen im Tagesgeschäft. In welchem Rahmen bewege ich mich zukünftig? Sind diese Fragen beantwortet, dann leiten sich Maßnahmen, Taktiken, die graduelle Anwendung erlernter Techniken und Fertigkeiten einfacher ab. Die Schlagkraft, oder anders gesagt: die Wirkung Ihres Verhaltens steigt vergleichsweise rapide an. Wir befinden uns mit den nachfolgenden Ausführungen eine Stufe vor dem Tagesgeschäft.

Besonders wirkungsvoll ist es, wenn die oben beschriebenen Elemente in einen Regelkreis transferiert und dadurch dynamisiert werden, um Verbesserungen erzielen zu können. Die dynamischen Schritte könnten sein:

- Schritt 1: Entwurf des Verkaufskonzepts
- Schritt 2: die Ableitung von Maßnahmen, Taktiken und Vorgehensweisen
- Schritt 3: die Anwendung im Tagesgeschäft
- Schritt 4: die Rückmeldungen aus den Kundeninteraktionen aufnehmen
- Schritt 5: Hinweise zur Verbesserung der Verkaufskonzeption geben, die wiederum in weiterführende Überlegungen zur Verkaufskonzeption münden

Damit ist der Kreis einmal durchlaufen, und aus der Verbesserung der Verkaufskonzeption leiten sich verfeinerte Maßnahmen, Taktiken und Vorgehens-

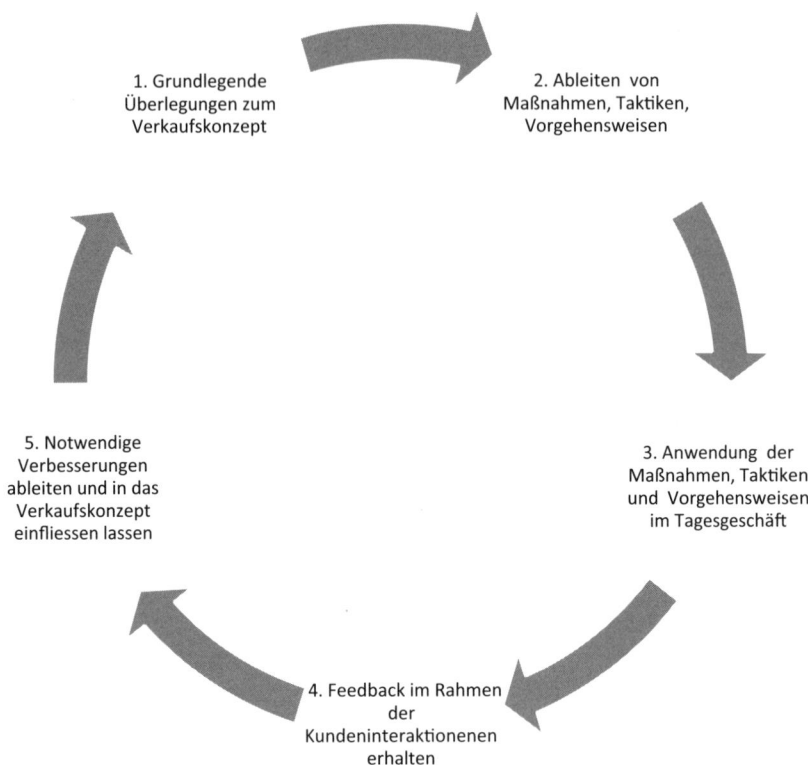

Abb. 1.1 Der Regelkreis zur kontinuierlichen Verbesserung des Verkaufskonzepts

weisen ab, der Regelkreis startet wieder von neuem. Dadurch wird die Schlagkraft im Tagesgeschäft kontinuierlich verbessert. Der bewusste Durchlauf des Regelkreises und die stetige Auseinandersetzung mit der Konzeption und der Verfeinerung von Maßnahmen, Taktiken und Vorgehensweisen erfordert Zeit und Geduld und ist auch bisweilen anstrengend, da es möglicherweise auch Veränderungen des Verhaltens nach sich ziehen kann. Die Mühen werden sich jedoch in der Steigerung der Verkaufserfolge auszahlen.

In Abb. 1.1 wird der oben beschriebene Regelkreis noch einmal übersichtlich dargestellt. Der Beginn des Regelkreisdurchlaufes ist Schritt 1.

1.3 Die Differenzierung – Das Grundkonzept Ihres Erfolgs

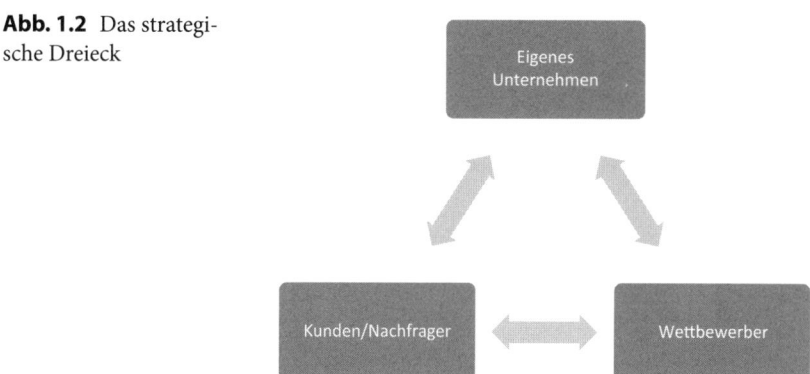

Abb. 1.2 Das strategische Dreieck

1.3.1 Die Ausgangslage – Das Strategische Dreieck

Wir starten mit der Ausgangslage und folgen nun zunächst gedanklich dem Grundkonzept des sogenannten Strategischen Dreiecks. Nahezu jedes Wirtschaftsunternehmen, das ökonomische Zielsetzungen verfolgt, wie z. B. Gewinn, Rendite, Wachstum und/oder Erhaltung, bewegt sich in der Regel in einem Marktumfeld mit drei Hauptteilnehmern/Akteuren. Diese sind: „Eigenes Unternehmen", „Wettbewerbsunternehmen" und „Kunden/Nachfrager". Alle drei Teilnehmer stehen in wechselseitiger Beziehung, auf dem allgemeinsten Nenner alleine schon deshalb, weil sie voneinander wissen und dies zu einer Beeinflussung des eigenen Verhaltens durch die Teilnehmer führen kann (Abb. 1.2).

Die Teilnehmer stehen in einer wechselseitigen Abhängigkeit zueinander.

> **Praxisbeispiel**
>
> Ein „Wettbewerbsunternehmen" könnte mit einer neuen, sehr nützlichen Innovation die „Kunden/Nachfrager" auf sich ziehen und dadurch das „eigene Unternehmen" ins Wanken bringen, da es „Kunden/Nachfrager" verliert, somit Umsatz- und Gewinneinbußen hinnehmen muss, was womöglich je nach Höhe des Verlustes dazu führen kann, dass das „eigene Unternehmen" aufgeben und sich vom Marktgeschehen verabschieden muss.

Diese wechselseitige Abhängigkeit bietet Unternehmen Chancen, beinhaltet jedoch auch Risiken für die Teilnehmer – im Übrigen auch für die Nachfrager.

Praxisbeispiel

Nehmen wir an, einige Wettbewerber verschwinden, so dass letztlich nur ein Anbieter übrigbleibt (Monopol = 100 % Marktanteil), oder einige wenige Anbieter schließen sich zusammen oder kooperieren (Quasimonopol = bedeutender Marktanteil = 80 % und mehr), so kann dies für den Nachfrager ebenfalls ungünstig sein. Der Monopolist hat die Möglichkeit, die Verkaufspreise einseitig anzuheben, da das Regulativ der Konkurrenz entfällt. Ferner wird der Monopolist nicht durch Wettbewerbsdruck gezwungen, seinen Leistungsumfang ständig zu verbessern – d. h. die Leistung könnte sich verschlechtern oder sich zumindest nicht in dem Maße verbessern, wie es durch Freisetzen der Kräfte in einer konkurrierenden Situation der Fall sein würde. Das führt zu einer schlechteren Befriedigung der Nachfrage.

Aus den oben beschriebenen Gründen bemühen sich Unternehmen demnach ständig, ihre eigene Position im „Strategischen Dreieck" zu stärken und optimal auszurichten. Marketing, die Lehre von „marktorientierter Unternehmensführung" – das heißt die Berücksichtigung von Nachfrager/Kunden und Wettbewerb –, befasst sich inhaltlich mit diesen Fragestellungen und hat in den letzten Jahrzehnten viele schlagkräftige und nützliche Ideen und Vorgehensweisen entwickelt, die heute in der Praxis angewendet und in den Marketing-Wissenschaften stetig weiter- und fortentwickelt werden. Aus dem gedanklichen Konzept des Marketings lassen sich einige Grundideen, sogenannte Leitideen ableiten, die für die anstehende Entwicklung von Marketing-Konzepten Orientierung und Hilfe darstellen. Eine dieser Leitideen des Marketings ist, dass sich ein Unternehmen im Wettbewerbsumfeld differenzieren, d. h. von den Wettbewerbsunternehmen unterscheiden muss. Die Differenzierung kann auf allen Ebenen des Kundenkontakts erarbeitet werden, nicht nur in der Kernleistung, d. h. beim Produkt oder der Dienstleistung. Kunden können auf vielfältige Weise mit einem Unternehmen in „Berührung" treten, z. B. am Telefon, bei der Rechnungslegung, der Reklamationsbearbeitung, bei Serviceleistungen, bei der Anlieferung, dem konkreten Vertragswerk, der Inaugenscheinnahme des Unternehmensgebäudes, dem Geruch im Unternehmen, der Gestaltung des Eingangsbereiches, dem Verhalten der Mitarbeiter usw.

1.3.2 Von der Differenzierung zum Wettbewerbsvorteil

Wenn Differenzierungen, also die Unterschiede, bestimmten Kriterien standhalten können oder bestimmte Bedingungen erfüllen, dann entwickeln sich die Differenzierungen zu Wettbewerbsvorteilen. Diese sollte jedes Unternehmen, das überleben und fortbestehen will, in seinen Fokus rücken. Es ist klar erwiesen, dass diejenigen Unternehmen, die über mindestens einen Wettbewerbsvorteil verfügen, gegenüber denjenigen Unternehmen, die solche nicht aufweisen können, die besseren Überlebenschancen haben – sie können schlichtweg die Nachfrage besser bedienen als die anderen Unternehmen.

Über einen Wettbewerbsvorteil verfügt ein Unternehmen dann, wenn nachfolgende Kriterien und/oder Bedingungen erfüllt sind:

- **Die Differenzierung muss den Kunden, den Nachfragern, vermittelt werden können.**
Ein Unternehmen, das sich bemüht, eine Differenzierung zu gestalten, muss sich fragen, wie es diese Differenzierung seiner Zielgruppe vermitteln kann. Gemeint ist die Vermittlungsfähigkeit des Inhaltes selbst. Womöglich kennen Sie den Effekt, dass Sie sich innerhalb eines Meetings, eines Treffens über einen Sachverhalt mehrere Stunden lang Gedanken gemacht und Schlussfolgerungen gezogen haben. Ihnen ist anschließend ganz klar, um was es inhaltlich geht, es erschließt sich Ihnen ohne weiteres Nachdenken. Nun werden Sie von einer unbeteiligten Person danach gefragt und Sie stellen schnell fest, dass die inhaltliche Vermittlung des Sachverhalts in wenigen Worten gar nicht zu bewältigen ist. Sie brauchen Zeit, womöglich Stunden oder länger. Bezugnehmend auf die Differenzierung ist das Gleiche gemeint. Wie vermittle ich die Differenzierung? Wie viel Zeit haben meine Kunden? Wie stelle ich komplexe Zusammenhänge einfach, prägnant und verständlich dar? Ist Lernen erforderlich?
- **Die Differenzierung muss für den Kunden nutzbringend sein, d. h. der Kunde muss etwas von der Differenzierung haben.**
Sich zu unterscheiden, ist ganz einfach. Ein Unternehmen, das Kühlschränke herstellt, könnte sich überlegen, ab sofort die Kühlschränke braun mit roten Herzen zu lackieren. Damit wäre die Differenzierung perfekt, wahrscheinlich aber nicht besonders nutzbringend. Die Nutzenbeschreibung ist die Antwort auf die Frage: „Was habe ich davon konkret?" Ein Beispiel: Die neue Druckmaschine ist 20 % schneller als meine bisherige Maschine.

Nutzenbeschreibung: Durch die höhere Geschwindigkeit benötige ich für meine Druckaufträge weniger Zeit, d. h. ich kann auf Überstunden verzichten, die Mitarbeitermotivation steigt an, ich kann meine Kunden schneller bedienen und gleichzeitig die Arbeitskosten senken.

- **Die Differenzierung muss aus Kundensicht wirtschaftlich sein, das bedeutet aus Sicht des Kunden ökonomisch sinnvoll.**

Konkret heißt dies, dass sich die Differenzierung auf betriebswirtschaftliche Kategorien beziehen sollte/muss. Führt die Differenzierung zu einem günstigen wirtschaftlichen Effekt? Dazu zählen beispielsweise die Reduzierung von Kosten, die Erhöhung der Produktivität, die Verbesserung der Abläufe und dadurch Reduzierung der Doppel- oder Mehrfachtätigkeiten durch geringere Fehlerquellen, Umsatzsteigerungen, Ertrags- und/oder Gewinnsteigerungen, Aktienwerterhöhungen, usw. – zumeist steht einer dieser Effekte im Vordergrund, er kann aber auch mit anderen im Zusammenhang stehen.

- **Die Differenzierung muss langfristig angelegt und nur sehr schwer nachahmbar sein.**

Ein Beispiel, wie es nicht laufen sollte: Unternehmen A differenziert sich, indem es seine Verkaufspreise gegenüber dem Wettbewerb um 10 % absenkt und somit hofft, die Nachfrage anzuregen – in der Tat eine Differenzierung. Aber die Unternehmen B und C senken ihre Verkaufspreise zwei Tage später ebenfalls um 10 % ab. Nun ist die Differenzierung wieder weg, und alle Teilnehmer erwirtschaften jetzt einen geringeren Umsatz. Eine Differenzierung lang- oder längerfristig anzulegen, setzt voraus, dass sie nicht so einfach nachahmbar ist, um aus der Perspektive des Wettbewerbs die Langfristigkeit aufrechterhalten zu können. Differenzierungen können auch juristisch durch Patent- oder Musterschutzregelungen abgesichert werden.

- **Die Differenzierung muss in sich geschlossen sein.**

Gemeint ist, dass die Differenzierung abgrenzbar und dadurch erkennbar, wahrnehmbar wird. Das verbessert gleichzeitig die Vermittelbarkeit. Ein Beispiel dafür ist die damalige Differenzierung des Unternehmens Aldi – seine angebotenen Leistungen waren immer die „billigsten". Ein anderes Beispiel ist Miele. Seine Produkte sind „qualitativ immer die besten" und gleichzeitig werden die Produkte zu „einem hohen Preis" verkauft. Diese einfachen Beispiele zeigen, wie kompakt und geschlossen Differenzierungen sein können. Für die Nachfrager sind diese Unterscheidungen einprägsam und gut zu vermitteln.

1.3 Die Differenzierung – Das Grundkonzept Ihres Erfolgs

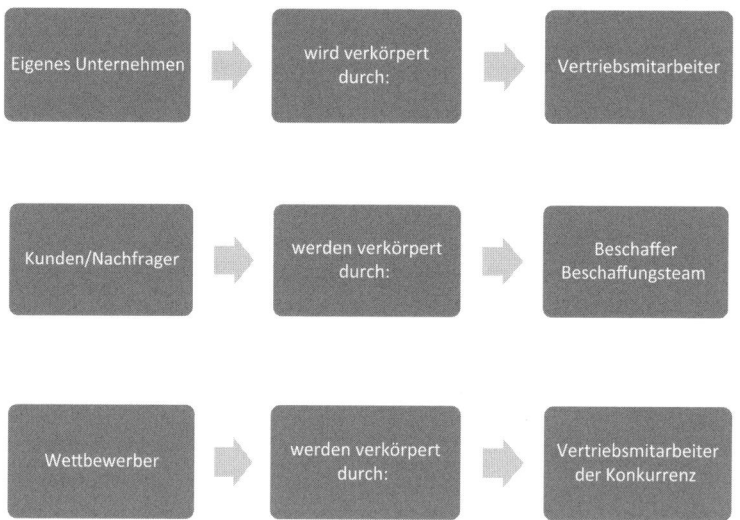

Abb. 1.3 Der Transfer von der Institutions- auf die Personenebene

Wie bereits erwähnt gilt: Wenn die Differenzierungen obigen Kriterien standhalten können, dann gelingt es in der Regel, sie weiter zu Wettbewerbsvorteilen auszubauen. Das stärkt die Stellung eines Unternehmens in einem Marktumfeld enorm. Nur diejenigen Unternehmen, die über mindestens einen Wettbewerbsvorteil verfügen, haben die Chance, sich längerfristig zu behaupten.

1.3.3 Der Transfer von der Institutionsebene zur Personenebene im Strategischen Dreieck

Was hat das jetzt mit Ihnen zu tun? Wenn wir uns das strategische Dreieck bestehend aus dem „Eigenen Unternehmen", „Kunden/Nachfrager" und „Wettbewerber" noch einmal vor Augen führen, dann können wir feststellen, dass jeder Teilnehmer als Institution jeweils einem Teilnehmer auf Personenebene repräsentiert. Dies soll Abb. 1.3 veranschaulichen:

Die handelnden Personen in ihren Rollen als Vertriebsmitarbeiter des eigenen Unternehmens, als Vertriebsmitarbeiter der Konkurrenz und als mit der Beschaffung beauftragten Personenkreis der Kunden, des nachfragenden

Abb. 1.4 Das strategische Dreieck auf der Personenebene

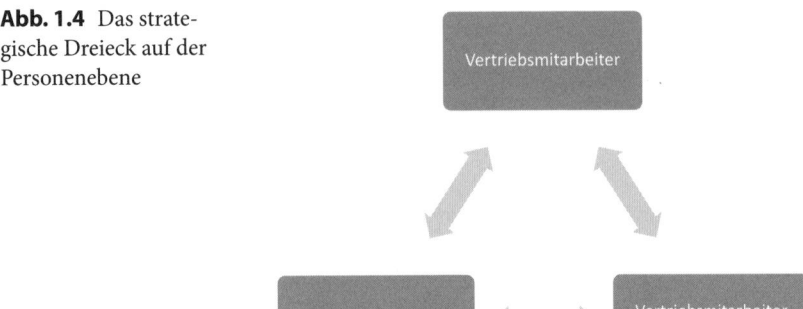

Unternehmens, repräsentieren jeweils die Institution. Sie sind die realen Akteure, sie verkörpern die Institution. Menschen sprechen und verhandeln miteinander, nicht Unternehmen. Dadurch wird es jetzt möglich, das Strategische Dreieck mit den jeweiligen Repräsentanten der Institutionen neu aufzustellen. Dies wird in Abb. 1.4 veranschaulicht. Für die Akteure gelten die gleichen Verknüpfungen, Abhängigkeiten und Wirkungen wie beim Strategischen Dreieck, das zu Beginn dieses Abschnitts beschrieben worden ist. Die Leitidee des Marketings lässt sich also genauso auf einzelne Personen als Akteure im Marktgeschehen übertragen.

Derjenige Vertriebsmitarbeiter, dem es gelingt, sich von seinen Wettbewerbskollegen zu differenzieren, und dessen Differenzierung den zuvor beschriebenen Kriterien standhält, ist in der Lage, sich seinen ganz persönlichen Wettbewerbsvorteil zu erarbeiten. Seine Erfolgsaussichten werden drastisch ansteigen. Im nachfolgenden Abschnitt werden wir uns detailliert mit diesem Thema befassen.

1.3.4 Die persönliche Differenzierung – Ihr persönlicher Wettbewerbsvorteil

Wie im vorherigen Abschnitt diskutiert, kann die persönliche Differenzierung zu einem persönlichen Wettbewerbsvorteil ausgebaut werden. Zur Erinnerung: Im Vertriebsalltag sprechen und verhandeln Menschen miteinander. Sie sind die Akteure im Geschehen und verkörpern bzw. repräsentieren ihre jeweiligen Institutionen. Das bedeutet, dass Sie als Vertriebsmitarbeiter in einer Markt-

Abb. 1.5 Mögliche Felder der persönlichen Differenzierung

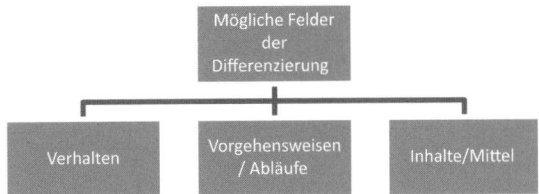

situation nicht einem Wettbewerbsunternehmen gegenüber stehen, sondern in erster Linie seinen Repräsentanten, also denjenigen Personen, die ebenfalls mit einer Vertriebsaufgabe betraut worden sind. Auch kauft der Kunde nicht nur bei einem Unternehmen, sondern seine Präferenzbildung erstreckt sich in vielen, wenn nicht in den meisten Fällen, zuvorderst auf den Repräsentanten des Unternehmens. Von ihm aus schließt der Kunde auf das Unternehmen. Für ihn ist der Repräsentant das „Unternehmen", er setzt ihn mit dem Unternehmen gleich. Kommt er regelmäßig zu Terminen zu spät, dann könnte er annehmen, dass auch das Unternehmen nicht besonders zuverlässig ist. Ist er hingegen pünktlich und stets gut vorbereitet, wirft dies auch ein gutes Licht auf das vertretene Unternehmen.

Es kommt also demnach darauf an, dass sich jeder Vertriebsmitarbeiter überlegen sollte, durch welches Verhalten, durch welche Vorgehensweisen und/oder Inhalte seiner Arbeit er sich differenzieren könnte. Dazu stehen dem Vertriebsmitarbeiter verschiedene Möglichkeiten offen. In der nachfolgenden Übersicht habe ich Ihnen drei mögliche Felder, in denen Differenzierungen möglich sind, zusammengestellt. Es sind die Felder „Verhalten", „Vorgehensweisen/Abläufe" und „Inhalte/Mittel" (Abb. 1.5).

In jedem dieser Felder kann sich ein Vertriebsmitarbeiter differenzieren. Dazu jeweils im folgenden ein Beispiel:

1.3.5 Differenzierungsfeld „Verhalten"

In diesem Feld geht es um Sie ganz persönlich. Es stellen sich Fragen wie: Wie trete ich auf? Wie bin ich gekleidet? Wie spreche ich mit meinem Gesprächspartner? Wie gehe ich mit Einwänden um? Bin ich pünktlich? Halte ich Zusagen ein? Wie kann ich durch mein Verhalten eine gewünschte Wirkung auf meinen Gesprächspartner erzielen? Reagiere ich angemessen, wenn ich einmal eine Frage nicht beantworten kann? Bin ich zurückhaltend, wenn es um Informationen zum Wettbewerb geht, oder trete ich eher offensiv auf? Ihr Verhalten ist Ausdruck Ihrer zuvor getroffenen Entscheidungen und Einstellungen. Wenn Sie sich also auf eine bestimmte Weise verhalten wollen, dann machen Sie sich vorher Gedanken dazu, welche Entscheidungen Sie treffen müssen, damit dieses Verhalten sichtbar wird. Stellen Sie sich die Frage, welches Verhalten auf Ihren Kunden eine besonders positive Wirkung haben könnte, besser noch: welches Verhalten für Ihren Kunden nutzbringend sein könnte. Überprüfen Sie Ihre Verhaltensentscheidung anhand der Wettbewerbsvorteilskriterien – könnten Sie sich einen Wettbewerbsvorteil schaffen? Die Antwort auf diese Fragestellung ist nicht einfach, aber es lohnt sich für Sie, auch wenn es länger dauern sollte, sich mit dieser Frage zu befassen.

Einhalten von Zusagen

Im Vertriebsalltag werden häufig vorschnell Zusagen darüber gemacht, bis wann z. B. die Ausarbeitung eines Angebotes fertiggestellt und dem Kunden vorgelegt wird. „Sie bekommen das Angebot Anfang kommender Woche", verspricht ein Vertriebsmitarbeiter am Freitagnachmittag der aktuellen Woche aus der angesichts des bevorstehenden Wochenendes guten Laune heraus. Mitte der Folgewoche ruft der Kunde an und fragt nach dem Angebot. Der Mitarbeiter erklärt: „Ich bin gerade dabei, am Freitag bekommen Sie es vorab per E-Mail." Die Gefahr für den Vertriebsmitarbeiter, der die Sache womöglich mit den besten Absichten angenommen und aus Eifer die prompte Erledigung zugesagt hatte, besteht nun darin, dass der Kunde seine Zuverlässigkeit anzweifelt und sich fragt, ob er der richtige Geschäftspartner ist. Stellen Sie sich jetzt einmal vor, wie ein Vertriebsmitarbeiter dasteht, der realistische Zusagen trifft und diese hundertprozentig einhält, womöglich sogar noch etwas früher damit fertig wird. Die unbedingte Einhaltung von Zusagen ist eine gute Möglichkeit, sich vom durchschnittlichen Verhalten zu differenzieren.

1.3.6 Differenzierungsfeld „Vorgehensweise/Abläufe"

In diesem Feld möglicher Differenzierungen klären Sie die Frage, wie Sie vorgehen und wie Sie den Verkaufsprozess gestalten. Am besten ist es, wenn Sie versuchen, sich in die Lage Ihres Kunden zu versetzen. Welche Vorgehensweis-

1.3 Die Differenzierung – Das Grundkonzept Ihres Erfolgs

se ist für Ihren Kunden am nützlichsten? Sie können dabei unterstellen, dass Ihre Kunden wahrscheinlich ähnlich denken wie Sie selbst und ähnliche Erwartungshaltungen bei der Lösung von Aufgaben entwickeln. Der Prozess der Beschaffung stellt aus Sicht Ihres Kunden eine Aufgabenstellung dar, die sich neben andere Aufgaben reiht. Aufgaben zu lösen ist anstrengend, vor allem, wenn sie inhaltlich komplex und – wie bei Investitionsgüterentscheidungen üblich – mit hohen Risiken verbunden sind. Fehler oder Fehlentscheidungen können erhebliche negative Folgen nach sich ziehen, das muss vermieden werden. Generell können Sie also unterstellen, dass Ihr Kunde, wenn es um Vorgehensweisen und Abläufe geht,

- Doppelarbeiten vermeiden möchte,
- Prozessschritte wo immer möglich zusammengefasst sehen möchte,
- Fehler ausschließen möchte,
- auf hundertprozentige Verlässlichkeit vertrauen und unnötige Aktionen mit geringer Wirkung vermeiden möchte.

Zusammenfassung von Schritten

Die Welt ist hektisch, keiner hat Zeit. Die sinnvolle Zusammenfassung von Prozessschritten stellt eine gute Möglichkeit dar, sich zu differenzieren. Der Kunde erkennt, dass Sie sich Gedanken gemacht haben und darauf bedacht sind, die wertvolle Zeit Ihres Kunden nicht zu „verschwenden" – als Nebeneffekt hat dies auch eine wertschätzende Komponente. Durch die Auseinandersetzung mit den Vorgehensweisen und Abläufen nehmen Sie diesen in Ihr Blickfeld. Auf die Frage Ihres Kunden: „Haben Sie eine betriebswirtschaftliche Auswertung dabei?", können Sie antworten: „Ja, das habe ich ebenfalls für das heutige Gespräch vorbereitet, dadurch können wir Zeit sparen und uns beim nächsten Treffen die Lösung ansehen."

1.3.7 Differenzierungsfeld „Inhalte/Mittel"

Nachdem wir uns im vorangegangen Abschnitt mit dem Verkaufs-/Beschaffungsprozess aus der Ablaufperspektive beschäftigt haben, geht es nun um die Inhalte und Mittel, die Sie im Verkaufsprozess einsetzen. Auch hierbei sollte für Sie immer die Frage im Vordergrund stehen, was Ihr Kunde davon hat, wenn

Sie Inhalte bestimmen und diese einsetzen. Einfach loslegen und alles einsetzen, was möglich ist, ist nur die zweitbeste Möglichkeit. Überlegen Sie genau, welche Inhalte nützlich sein können, und vor allem, wie Sie diese Inhalte so aufarbeiten und gestalten können, damit Sie sich von der üblichen Form Ihrer Wettbewerbskollegen unterscheiden.

> **Was tun Sie, was andere nicht können?**
> Die Übergabe von Prospekten, standardisierten Angeboten und technischen Datenblättern im Rahmen des Verkaufsprozesses entsprechen dem, was üblicherweise als normal angesehen wird. So macht man das eben – so machen es viele. Das wissen auch die Kunden, sie stellen sich darauf ein und haben eine dazu passende Erwartungshaltung. An dieser Stelle könnte man sich nun überlegen, welche passenden Inhalte noch zusätzlich für den Kunden aufbereitet werden könnten, die für ihn nutzbringend und womöglich nicht von ihm erwartet werden. Wenn Ihnen dazu etwas einfällt, ist die Chance sehr groß, dass Sie die Erwartungen des Kunden übertreffen und er sich dies merkt. Wer will nicht einen solchen Geschäftspartner an seiner Seite haben? Die schriftliche Aufbereitung von Inhalten wie Referenzanwendungen, Prozessabläufe, individualisierte Bedarfsanalysen, betriebswirtschaftliche Auswertungen, Nutzendarstellungen anhand der konkreten Anforderungen stellen einige mögliche Spielfelder dar.

1.3.8 Eine erste Übung

Nun geht es um Sie. Zum ersten Einstieg in die später folgenden Übungen stelle ich Ihnen nachfolgend einige Fragen. Dies sind keine Klausurfragen, es geht bei der Beantwortung auch nicht um richtig oder falsch, auch nicht darum, später noch einmal Ihre Antworten zu bewerten. Die Fragen sollen Sie sensibilisieren – Sie ermutigen, nachzudenken und sich mit sich selbst und Ihrem Vertriebsalltag zu befassen. Sie sollen Ihre Kreativität anregen. Die Beantwortung der Fragen muss auch nicht vollständig sein, sie stellen auch keine Bedingung für die weitere Arbeit mit diesem Buch dar. Starten Sie also völlig frei und ohne Vorbehalte, machen Sie sich persönliche Notizen – diese sind nur für Sie bestimmt. Halten Sie Ihre Gedanken fest.

1.3 Die Differenzierung – Das Grundkonzept Ihres Erfolgs

Einige Fragen, die Sie persönlich betreffen:
Wie würden Sie sich als Mensch beschreiben – was für ein Menschenkind sind Sie?
- Welche guten Eigenschaften beschreiben Sie am besten?
- Was liegt Ihnen – was können Sie besonders gut?
- Haben Sie schon einmal „Großartiges" geleistet, vielleicht in Ihrer Kindheit oder Jugend? Was war das?
- Was treibt Sie an, was motiviert Sie, etwas zu leisten?

Einige Fragen zu Ihrem Praxisumfeld:
- Welche Vorgehensweisen kennen Sie bereits?
- Wie gehen die Kollegen vor?
- Wie geht der Vertriebsmitarbeiter der Konkurrenz vor – haben Sie dazu schon Informationen?
- Wie finden Sie die Gestaltung der Angebote – könnte man sie verbessern und wie?
- Werden Bedarfsanalysen schriftlich niedergeschrieben – wie sieht das aus, könnten Sie es besser und wie?
- Wie laufen Produktvorführungen ab – was finden Sie gut, was könnten Sie besser machen?
- Was erwarten Ihre Kunden wirklich? Hatten Sie Gelegenheit, Ihre Kunden konkret zu fragen – was haben sie geantwortet?

Nachdem Sie mit dieser ersten Übung zum Ende gekommen sind und Antworten bzw. Bemerkungen zu den Fragen niedergeschrieben haben, zwei vorläufig letzte Fragen:
- Was werden Sie in Ihrer Vertriebspraxis besser machen als Ihre Kollegen?
- Was werden Ihre Kunden davon haben – was meinen Sie?

In „Übung 7" im aktiven Teil dieses Buches werden wir dieses Themenfeld weiter konkretisieren und gemeinsam praxisgerecht gestalten. Konnten Sie mit den oben gestellten Fragen gut umgehen, lagen Ihnen diese Fragen? Noch einmal: Es sind keine Prüfungsfragen, es gibt kein richtig oder falsch oder gut oder schlecht, sondern sie dienen lediglich dazu, Sie zum Nachdenken anzuregen und Ihre Kreativität zu fordern – es lohnt sich!

1.4 Intuition und Verkauf

Viele Verhaltens- und Vorgehensweisen sind durch den Menschen bewusst im Voraus planbar. Das gilt für nahezu alle Lebenslagen, natürlich auch für Interaktionen im Verkauf. Manche Verhaltensweisen hingegen werden nicht geplant, sondern entspringen der sogenannten Intuition. Unter intuitivem Verhalten verstehen wir ungeplante, spontane und gegenwärtige, z. B. in einem laufenden Verhandlungsgespräch, Reaktionen auf eine sachbezogene Positionen oder das Verhalten anderer durch Eingebungen oder Ideen – manchmal „Geistesblitz" genannt. Ob Intuition erlernbar ist, kann ich nicht beantworten, aber ganz sicher kann man lernen, sich auf seine Intuition und Eingebungen zu verlassen. Im Verkauf gilt, dass Vertriebsmitarbeiter auf ihre intuitiven Fähigkeiten vertrauen sollten oder es sogar müssen – es gibt ja auch keine Alternative –, aber sich nicht ausschließlich darauf verlassen sollten.

Ein erfolgreicher Verkäufer versucht, den Verkaufsprozess, konkret ein Verkaufsgespräch, zu führen und zu lenken. Dies kann er am besten dadurch erreichen, indem er Gesprächsführungsregeln beherzigt, wie z. B. jene, die besagt, dass derjenige, der fragt, auch führt, oder indem er das Einverständnis seines Gegenübers einholt, z. B. durch die Frage: „Sind Sie damit einverstanden, dass wir jetzt über die technischen Eigenschaften und den Nutzen sprechen?" Und letztlich auch dadurch, dass er jedes Verkaufsgespräch vorbereitet und plant. Er setzt sich im Vorfeld mit möglichen Einwänden auseinander und überlegt sich etwas zu ihrer Entkräftung, er schließt also vom Ergebnis her zurück. Der Vertriebsmitarbeiter legt einen Leitfaden für das Gespräch fest, hält Unterlagen bereit und vieles mehr, kurz: Er bereitet das Gespräch bestmöglich vor, um es führen zu können. Auf Umstände, die nicht im Voraus planbar sind, muss intuitiv reagiert werden. Und diese Momente kommen ganz sicher in der Verkaufspraxis vor. In solchen Momenten im Verkaufsprozess ist es wichtig, dass der Vertriebsmitarbeiter sich selbst vertraut und spontan reagiert – nach meiner Erfahrung sollten Sie so reagieren, wie es Ihre innere Stimme anzeigt. Gehen Sie das entstehende Risiko ein: Authentisches Verhalten genießt in der Regel den Respekt der anderen Seite am Verhandlungstisch.

▶ **Praxistipp** Empfehlungen zu nicht planbaren Momenten im Gespräch:
- Es sind nicht alle möglichen Ereignisse im Voraus planbar – haben Sie „Mut zur Lücke".

- Vertrauen Sie auf Ihre intuitiven Fähigkeiten.
- Sammeln Sie in Verhandlungsgesprächen aufkeimende Ideen und Eingebungen – schreiben Sie sie nieder, so dass Ihnen etwas zur Verfügung steht, wenn der „ungeplante" Moment eintritt.
- Wenn Ihnen einmal nichts einfallen sollte, dann geben Sie es zu – das löst die Spannung, lockert die Atmosphäre, und wenn es gut geht, kommt dann die spontane Idee.
- Die intuitiven Fähigkeiten sind beim Menschen unterschiedlich. Vermeiden Sie innere Überzeugungen wie z. B. „Mir fällt ja nie etwas ein", denn: es stimmt nicht.
- Fördern Sie beizeiten Ihre intuitiven Fähigkeiten durch Kreativitätsübungen – malen Sie mal ein Bild.

1.5 Praxistipps für einen gelungenen Einstieg in die Vertriebsaufgabe

In den nachfolgenden Abschnitten beschäftigen wir uns nun mit Ihrem Einstieg in die Vertriebsaufgabe. Es geht jetzt um Sie. Ich stelle Ihnen 10 wichtige Regeln vor, anhand derer Sie Wege für Ihre ersten Praxisschritte finden können. Eines werden Sie höchstwahrscheinlich mit allen anderen Junioren teilen, nämlich die Auffassung, dass das vor Ihnen Liegende kaum zu überschauen und zu bewältigen ist, sobald Sie von der Dynamik des Vertriebsalltages erst einmal erfasst worden sind – und das geschieht meist sehr schnell, in der Regel nach spätestens einer Woche.

1.5.1 Wie man einen Elefanten isst

Als Neueinsteiger werden Sie vor vielfältigen Aufgaben und Fragestellungen stehen. Die Liste der Aufgaben erscheint zunächst endlos. Dazu zählt beispielsweise, sich geeignetes, verkaufsspezifisches Handwerkszeug anzueignen. Sie müssen Erkenntnisse darüber gewinnen, welche Vorgehensweise einerseits eine große Wirkung im Hinblick auf einen Vertragsabschluss erzielt, andererseits jedoch auch zu Ihrer Persönlichkeit passt. Sie sollten verstehen, wie der Zielmarkt funktioniert, welche Dynamik vorherrscht, was von Bedeutung ist und was nicht, und wie die Zusammenarbeit mit dem vorgesetzten Vertriebschef und dem Verkaufsteam funktioniert. Was ist in der Zusammenarbeit mit dem Verkaufsinnendienst zu beachten? Wie laufen Genehmigungsprozesse genau ab? Wie funktioniert das Verkaufskommunikationssystem? Es muss eine große Menge an Neuem bewältigt werden, und das geht nicht in einem Zug.

Wie isst man also diesen Elefanten? Einen Elefanten isst man Stück für Stück! Oder anders ausgedrückt: Bearbeiten Sie die Aufgabe Schritt für Schritt. Dabei könnten Sie wie folgt vorgehen:

▶ **Praxistipp**
- Besorgen Sie sich einen Schreibblock und notieren Sie alles was, was Sie aufgreifen können und Ihnen zugetragen wird.
- Nehmen Sie sich alle zwei Tage am Abend Zeit, lesen Sie Ihre Notizen durch und streichen Sie das, was doppelt genannt ist oder sich erledigt hat (einige Aufgaben, die am Beginn anstehen, sind nur einmal abzuarbeiten und dann sind sie erledigt, z. B. die Dienstwagenübernahme).
- Bleiben Sie ruhig und machen sich bewusst, dass es allen einmal so ergangen ist.
- Fragen Sie einmal mehr, trauen Sie sich – wer fragt, gewinnt.

1.5.2 Seien Sie professionell von Anfang an

Einen wichtigen Faktor, der Ihren Verkaufserfolg beeinflussen wird, stellen die Verkaufserfahrungen dar. Bei der Planung Ihrer ersten Aktionen sollte also die Frage im Vordergrund stehen, wie Sie zügig an verkaufsorientierte Erfahrungen gelangen können. Welche Aktivitäten leisten einen großen, welche einen geringen Beitrag zum Aufbau eines nützlichen Erfahrungsschatzes? Grundsätzlich können wir feststellen, dass der Kundenkontakt, sei es schriftlich, telefonisch und persönlich, für den Verkaufserfolg eine wichtige Erfahrung darstellt. Die Teilnahme an Meetings, das Aufbereiten des Verkaufsbezirks, das Studium von Produktwissen leisten auch einen jeweils wichtigen Beitrag, bringen Sie aber hinsichtlich der notwendigen Erfahrungen nicht voran. Es ist also entscheidend, dass Sie bei Ihren ersten Planungen darauf achten, dass der Kundenkontakt nicht zu kurz kommt, besser noch: im Mittelpunkt steht. Als

1.5 Praxistipps für einen gelungenen Einstieg in die Vertriebsaufgabe

zukünftiger Verkaufsprofi sollten Sie sofort versuchen, mit Kunden in Kontakt zu treten – Sie könnten zum Beispiel in den ersten Tagen zusammen mit einem erfahrenen Verkäufer Kunden und Interessenten besuchen.

1.5.3 Bring- und Holschuld gehen Hand in Hand

Die meisten Unternehmen der Investitionsgüterindustrie bieten ihren Vertriebsmitarbeitern am Anfang vielfältige Trainings- und Ausbildungsmaßnahmen an. Die Durchführung von Mitarbeiteraus- und -fortbildungsmaßnahmen sind häufig in den Zielsetzungen eines Unternehmens verankert. Viele Unternehmen legen sehr viel Wert auf gut ausgebildete und trainierte Mitarbeiter, da es für das Unternehmen und die Mitarbeiter hinsichtlich der Unternehmenszielsetzungen nutzbringend ist. In Trainings kann viel, aber nicht alles vermittelt werden. Trainings, beispielsweise zur Vermittlung von verkaufsspezifischen Fertigkeiten oder Produktschulungen durch „E-Learning"-Programme, schaffen die notwendigen Voraussetzungen zur Bewältigung der anstehenden Aufgaben und helfen Ihnen, sich im Tagesgeschäft zurechtzufinden. Das reicht jedoch nicht aus. Aus diesem Grunde ersetzten Schulungs- und Trainingsmaßnahmen nicht die notwendige Eigeninitiative des Vertriebsmitarbeiters, nämlich auch selbst darüber nachzudenken, wie der eigene Arbeitsalltag hinsichtlich der eigenen Verkaufsproduktivität optimal gestaltet werden sollte. Es ist Eigeninitiative gefragt. Machen Sie sich Gedanken; wie können Sie sich selbst fit machen? Fragen Sie Ihren Vorgesetzen oder die Kollegen, beobachten Sie Ihr Umfeld ganz genau – wie gehen die Top-Verkäufer vor?

1.5.4 Erfahrungszuwachs ist der Schlüssel zur Steigerung Ihrer Verkaufseffizienz

In diesem Abschnitt betrachten wir noch einmal das Thema der verkaufsorientierten Erfahrungen, doch diesmal unter einem anderen Blickwinkel, nämlich dem der Verkaufseffizienzsteigerung. Es gilt, dass die Steigerung der Verkaufseffizienz in erheblichem Maße vom vorhandenen Erfahrungsschatz abhängt. Mehr verkaufsorientierte Erfahrungen erbringen eine höhere Verkaufseffizienz. Die Summe der Erfahrungen hat großen Einfluss auf die tatsächliche Verkaufseffizienz. Andere Faktoren, wie Produktwissen, Zeitmanagement oder Ihre persönliche Weiterentwicklung, nehmen natürlich auch Einfluss auf die Verkaufseffizienzsteigerung, aber die Verkaufserfahrung selbst, die persönliche „Live"-Kunden-Interaktion mit all ihren Facetten, bestimmt schlussendlich die Effizien und somit den Verkaufserfolg. Für Vertriebsmitarbeiter stehen folgende Fragestellungen im Mittelpunkt:

- Wie nutze ich die verkaufsaktive Zeit, d. h. die Zeit, in der ich Kunden am besten erreichen kann, sinnvoll aus?
- Wann führe ich Telefonakquisitionsmaßnahmen durch?
- Wie viele Besuche kann ich überhaupt durchführen – welche Ziele stecke ich mir?
- Wann erledige ich administrative Aufgaben?

Im Trainingsteil, Teil 2 dieses Buches, gehen wir auf obige Fragestellungen ein und entwickeln dazu Pläne. Dennoch könnten Sie sich zu den obigen Fragestellungen bereits jetzt einmal Gedanken machen. Frage 3 stellt die Kernfrage dar. Versuchen Sie einmal auszurechnen, wie viele Besuche Sie pro Woche durchführen können, wenn Sie einmal die Größe Ihres Verkaufsbezirkes, die notwendigen Fahrtzeiten, die durchschnittliche Verweildauer pro Besuch pro Kunde sowie die notwendige Zeiten für Administration und Telefonakquisition berücksichtigen. Es kommt nicht auf ein mathematisch exaktes Ergebnis an, rechnen Sie überschlägig.

1.5.5 Das Geschäft wird beim Kunden gemacht

Die persönlichen Kundenkontakte leisten den größten Beitrag zum Erfahrungszuwachs und zum Verkaufserfolg. Alle anderen Aktivitäten sind in ihrer Wirkung nachgelagert. Das Geschäft wird beim Kunden gemacht – dies ist die Grundregel Nr. 1. In diesem Abschnitt wenden wir uns nun der Wirkung möglicher Kommunikationsformen zu. Nachstehende Formen der Kommunikation stehen einem Vertriebsmitarbeiter zur Verfügung, um mit seinen Kunden und Interessenten in Kontakt treten zu können:

1.5 Praxistipps für einen gelungenen Einstieg in die Vertriebsaufgabe

- Schriftform (einseitige und quasi „zweiseitige" Kommunikation)
  - Per Brief postalisch = einseitige Kommunikation
  - Per E-Mail = quasi „zweiseitige" Kommunikation aufgrund der schnellen Reaktionsmöglichkeit
- Telefon (zweiseitige Audio-Kommunikation)
  - Telefonat
  - Konferenztelefonat
- Persönliches Gespräch (zweiseitige audiovisuelle Kommunikation)
  - Gespräche bei Kunden vor Ort
  - Gespräche auf Messen
  - Gespräche anlässlich Hausaustellungen
  - Gespräche bei Sonderveranstaltungen

Die höchste Wirkung bezogen auf den Fortgang wird mit der zweiseitigen audiovisuellen Kommunikation erzielt, d. h. im Rahmen des persönlichen Gesprächs. In dieser Situation können die Gesprächspartner vergleichsweise am meisten voneinander wahrnehmen. Neben der Stimme wird auch die Körpersprache wahrgenommen. Je mehr ich wahrnehmen kann, desto schneller kann beiderseitiges Vertrauen entstehen. Je größer das Vertrauensverhältnis zwischen den Gesprächspartnern, desto tiefergehender und umfassender ist in der Regel der Informationsaustausch. Die Wirkung und das Ergebnis des Prozesses im Vergleich zu den anderen Kommunikationsformen sind somit hier am höchsten. Beim Telefonat ist diese Möglichkeit durch den Wegfall der körpersprachlichen Wahrnehmung schon geringer, einzig die Stimme bleibt, was eine geringere Wirkung und wahrscheinlich ein schwächeres Ergebnis nach sich zieht. Das könnte sich ändern, wenn das Bildtelefon auf breiter Linie Einzug in das Geschäftsleben erhält. Bei der Schriftform entfallen sowohl Stimmsprache als auch Körpersprache, die Wirkung ist im Vergleich am geringsten. Die beiden zuletzt genannten Kommunikationsmittel, Telefonat und Schriftform, sollten beim Verkauf von erklärungsbedürftigen Investitionsgütern schwerpunktmäßig zu Akquisitionsvorbereitungs-, Klärungs- oder Administrationszwecken eingesetzt werden.

Aus diesem Grunde bin ich auch unsicher, sogar etwas skeptisch, wenn gegenwärtig die „Sozialen Netzwerke" (einseitige Kommunikation) als wirkungsvolles und effizientes Verkaufsinstrument angeführt und gelobt werden. Die Wirkung dieser Instrumente könnte gegenwärtig aus Sicht der Verkaufseffizienz etwas überschätzt werden. Bedenken Sie vor allem, wie viel Zeit eingesetzt werden muss, um in diesen Netzwerken zu kommunizieren und die Beziehungen aufrechtzuhalten. Wenn diese Instrumente zur Akquisition eingesetzt werden, dann haben sie aus meiner Sicht lediglich komplementären Charakter – das Telefon stellt nach wie vor das Akquisitionsmittel erster Wahl dar und kann durch Netzwerke nicht ersetzt werden. Erst in den kommenden Jahren wird sich herausstellen, welche Sozialen Netzwerke sich durchsetzen und welche Nutzungsschwerpunkte ihnen zugeordnet werden können. Die noch vor Kurzem hochgelobten und stark frequentierten Netzwerke wie das internationale Netzwerk „myspace" oder das deutsche Netzwerk „Schüler-VZ" sind mittlerweile in der Bedeutungslosigkeit verschwunden. So schnell, wie sie erschienen sind, sind sie auch schon wieder weg. Die alte Verkaufsweisheit „Das Geschäft wird beim Kunden gemacht!" hingegen hat weiterhin Bestand!

1.5.6 Erfahrung bringt Effizienz – die Verkaufschance den Vertrag

Als neuer Vertriebsmitarbeiter sollten Sie versuchen, schnell zu lernen, zwei Herausforderungen gleichzeitig meistern zu können. Erstens: das schnelle Sammeln von Erfahrungen – wir haben uns damit bereits aus verschiedenen Blickwinkeln beschäftigt –, und zweitens: den Aufbau eines Chancenpolsters mit erfolgversprechenden Verkaufszyklen. Der Verkaufszyklus beschreibt den Verkaufsprozess vom Startzeitpunkt bis zur Beendigung durch einen Vertragsabschluss (die andere Option erwähnen wir gar nicht erst). Für den Aufbau des Erfahrungsschatzes kommt es darauf an, diesen Zeitraum möglichst kurz zu gestalten. Damit ist nicht gemeint, dass Sie sich hetzen sollen, sondern dass Sie sich überlegen, durch welche Maßnahmen und Aktionen Sie Ihre Zielsetzung erreichen können. Am besten funktioniert es, wenn Sie von Anfang an eine hohe oder sehr hohe Besuchsproduktivität erreichen können, also möglichst viele Besuche von Ihnen durchgeführt werden. Und direkt damit beginnen! Dies setzt intensive Akquisitions- und Vorbereitungsarbeit voraus. Das ist anspruchsvoll und herausfordernd, ist aber unbedingt notwendig, denn der Erfahrungszuwachs schließt die qualitative Verbesserung mit ein. Nachfolgend stelle ich Ihnen einige qualitative Verbesserungen vor.

1.5 Praxistipps für einen gelungenen Einstieg in die Vertriebsaufgabe

Verbesserungen werden erzielt

- in der generellen Vorgehensweise des Vertriebsmitarbeiters – Verbesserung durch „Versuch-und-Irrtum"-Methode und Wiederholung,
- in der Gesprächsführungsqualität während der Akquisition – Verbesserung durch Wiederholung, Umgang mit Einwänden oder unerwarteten Verhaltensweisen, die beim nächsten Mal schon besser bearbeitet werden können, da sie nun schon bekannt sind,
- im Kundengespräch selbst – durch die Auseinandersetzung mit Einwänden, durch die Live-Kunden-Situation, die persönlichkeitsentwickelnde Effekte mit sich bringt, durch Wiederholung,
- durch die Steigerung des eigenen Verkaufsgeschicks – Verbesserung durch Ausprobieren, Anpassen, Modifizierungen und Wiederholungen,
- in der inhaltlichen Argumentation – was finden die Kunden gut, was ist eher ohne Bedeutung, was kommt an, womit erzielen Sie Wirkungen, welchen Einfluss übt der Wettbewerb aus? Wiederholungen haben einen Lerneffekt – die Folge: Wissensverbesserung und Verfeinerung der eigenen Argumentation.

Weiterhin lernen Sie zügig, wie sich Kunden und Wettbewerber generell verhalten, lernen die speziellen Markteigenheiten kennen und haben somit die Chance, sich besser auf wiederkehrende Verhaltensmuster einzustellen. Das fördert Ihre Professionalität.

Jedes Kundengespräch ermöglicht es Ihnen auszuloten, wie Sie am besten die erste Hürde im Verkaufsgespräch nehmen, nämlich gemeinsam zu erörtern, ob es Ansatzpunkte für eine Zusammenarbeit gibt. Oder anders gesagt: Ergeben sich Verkaufschancen? Gibt es Geschäftsmöglichkeiten? Jedem Vertragsabschluss geht eine Verkaufschance voraus. Nicht alle Verkaufschancen führen letztlich zu einem Vertrag, aber es gibt so etwas wie eine Gesetzmäßigkeit zwischen der Verkaufschance und dem tatsächlichen Vertragsabschluss. Damit werden wir uns im Rahmen der im Anschluss folgenden Erfolgsregel befassen.

Am Anfang stehen Sie vor der Herausforderung, sich erst einmal ein Verkaufschancenpolster aufzubauen. In der Regel starten Sie mit null Verkaufschancen. Je schneller es Ihnen gelingt, Chancen aufzubauen, umso schneller kommen Sie in Richtung Zielerreichung, d. h. Vertragsabschluss, voran. Es gilt, je größer das Chancenpolster, desto größer das daraus entstehende Vertragsvolumen. Der Ablauf sieht so aus: 1.) Akquisitionstätigkeit mit dem Ziel Kundenbesuch, 2.) Gespräch mit dem Kunden, Ausloten der Möglichkeiten, 3.) Start mit dem Verkaufszyklus und Listung der Verkaufschance, 4.) Verkaufsaktivitäten, Verhandlung und Vertragsabschluss. Je mehr Sie akquirieren, je mehr Kundenbesuche Sie haben, desto mehr Ansatzpunkte, Chancen und Vertragsabschlüsse ergeben sich. Neben den vielen qualitativen Aspekten ist Verkaufserfolg also auch von der Menge der Möglichkeiten abhängig.

1.5.7 Verkaufserfolg ist berechenbar

Diese These ist etwas ungewöhnlich, da sie im Widerspruch zu manchem Mythos im Vertrieb steht. Für viele Menschen ist der Vertrieb etwas Geheimnisumwobenes. Begriffe wie Verkaufsgeheimnis, Verkaufstrick, unerklärlicher Verkaufserfolg, kaum noch fassbare Zielerreichungsgrade sowie Erzählungen vergangener Heldentaten nähren diesen Mythos. „Mein Nachbar, das ist ein toller Kerl, der hat es drauf, der verkauft Dir alles – wie macht er das bloß?", sind Äußerungen, die einem bekannt vorkommen können.

Dem gegenüber steht nun die Auffassung, dass Verkaufserfolg berechenbar ist, dass es also so etwas wie eine Erfolgsformel gibt, vielleicht so etwas wie ein Naturgesetz? Wie geht denn das? Zunächst zum Mythos, den wir nun entschleiern werden. Menschen verhandeln mit Menschen, d. h. im Mittelpunkt stehen einzelne Akteure. Und es ist gewiss, dass erfolgreiche Vertriebsmitarbeiter nur dann erfolgreich agieren können, wenn sie über persönliche Eigenschaften verfügen, sogenannte Basiskompetenzen, die sie befähigen, sich im Verkaufsprozess erfolgreich bewegen zu können. Dazu zählen Durchsetzungsvermögen, Anpassungsfähigkeit, Sensibilität, Leistungsbereitschaft, Einsatzfreude und Zielstrebigkeit. Die Kombination dieser Eigenschaften bildet das Verkaufsgeschick heraus. Ein bestimmter Teil, der nicht unbedingt logisch abgeleitet werden kann, ist die Intuition. Erfolgreiche Vertriebsmitarbeiter treffen in konkreten Interaktionen auch intuitiv richtige Entscheidungen zur Gestaltung des Verkaufsprozesses und beeinflussen damit ihren Verkaufserfolg.

Wie kann ich nun die Berechnung herleiten? Es gilt: Je mehr Verkaufschancen ich habe, desto mehr Verträge schließe ich ab. Man spricht im Allgemeinen von dem sogenannten Verkaufstrichterprinzip. Den Verkaufstrichter selbst

1.5 Praxistipps für einen gelungenen Einstieg in die Vertriebsaufgabe

kann man sich so vorstellen, dass man oben in einen Trichter die Verkaufschancen gibt und unten Vertragsabschlüsse „heraustropfen" werden. Je mehr Verkaufschancen ich in den Trichter gebe, desto mehr kommen unten heraus. Soweit zum Allgemeinen. Viele Unternehmen kennen dieses Prinzip und gehen wie folgt vor: Sie messen die Anzahl der aktuell laufenden Verhandlungen und messen die tatsächlich erzielten Vertragsabschlüsse. Beide Zahlen werden nun in eine relative Beziehung zueinander gesetzt. Das Ergebnis ist die sogenannte „Hit-Rate", was bedeutet, so und so viel Prozent unserer Chancen führen zu einem Vertragsabschluss. Dazu ein Beispiel: Ein Unternehmen stellt fest, dass es im abgelaufenen Geschäftsjahr im Durchschnitt pro Monat ca. 900 Verkaufschancen geführt hat. Tatsächlich abgeschlossen wurden in diesem Jahr 180 Verträge. Die „Hit-Rate" beträgt demnach 20 %. Je mehr Perioden beobachtet, je differenzierter die Verkaufschancen beispielsweise hinsichtlich ihrer jeweiligen Abschlussrate, und/oder ob es sich um eine Verkaufschance bei einem Kunden oder einen Interessenten handelt, analysiert werden, desto genauer können nun Aussagen zur „Hit-Rate" getroffen werden, desto verlässlicher wird sie. Von dieser allgemeinen Zahl ist es nun durchaus zulässig, auf den einzelnen Vertriebsmitarbeiter zu schließen und Empfehlungen auszusprechen bzw. vorvertragliche Zielsetzungen abzuleiten. Bei einem gegebenen Verkaufsziel wird es nun möglich, auf der Grundlage der „Hit-Rate" auszurechnen, wie viele Verkaufschancen ein Vertriebsmitarbeiter mindestens führen sollte, um die Zielerreichung mit hoher Wahrscheinlichkeit sicherstellen zu können. Dabei werden die Befähigungen des einzelnen Vertriebsmitarbeiters zunächst ausgeblendet, da vom Durchschnitt ausgegangen wird. Die Berechnung dient der Orientierung einerseits, liefert andererseits jedoch auch genaue Hinweise durch die Transformation des „Mystischen" in quantitative und nachvollziehbare Kategorien. Das macht die Auseinandersetzung mit diesem Thema für alle Betroffenen einfacher und verständlicher.

Je nach Branche und vorherrschender Marktsituation ist die „Hit-Rate" unterschiedlich hoch. Führende Unternehmen, die über starke Wettbewerbsvorteile verfügen und einem wachsenden Markt gegenüberstehen, dürften im Vergleich zu einem Mitläufer in einem Verdrängungsmarkt eine deutlich höhere Hit-Rate haben. Kenne ich nun die „Hit-Rate", weiß ich, wie groß mein Chancenpolster sein sollte. Nun ist sehr wichtig, dass Sie Ihr Hauptaugenmerk darauf richten, möglichst viele persönliche Besuche zu vereinbaren um Verkaufschancen ausloten und generieren zu können. Das Chancenpolster fasst diejenigen Verkaufszyklen oder laufenden Verhandlungen zusammen, die

- aktiv bearbeitet werden sollten, da sie Erfolgsaussichten versprechen,
- ein voraussichtliches, planbares Abschlussdatum bzw. einen Abschlusszeitraum erkennen oder ermitteln lassen oder
- eine Einschätzung des Grades einer möglichen Entscheidung zugunsten des Vertriebsmitarbeiters zulässt (die Abschlusschance in Prozent).

Die Bestimmung obiger Parameter innerhalb des Verkaufsprozesses ist für einen neuen Vertriebsmitarbeiter noch recht schwierig. Hier sind Mentoren und Vorgesetzte gefragt, um Vertriebseinsteiger zu unterstützen.

1.5.8 An die Grenzen gehen

Es ist nützlich, sich von erfahrenen Kollegen helfen zu lassen und Erfolg versprechendes Verhalten zu übernehmen. Aber Vorsicht: Der Arbeitseinsatz selbst, also die Menge an Telefonaten und Besuchen, ist bei Vertriebseinsteigern viel größer als bei erfahrenen Kollegen, da zügiger Erfahrungszuwachs sichergestellt werden muss.

- Welche Strategie ist für den Vertriebsmitarbeiter mit geringen oder nicht vorhandenen Erfahrungen im Verkauf nun die richtige?
- Welche Strategie sollten Sie also einschlagen?
- Soll ich das Verhalten meiner erfahrenen Vertriebskollegen, z. B. die gleiche Besuchsfrequenz, übernehmen?

Die Antwort auf diese Fragen ist nicht einfach, eigentlich lautet sie ja und nein gleichermaßen. Aufgrund der noch nicht in ausreichendem Maße vorhandenen Erfahrungen verpuffen Termine, stellen sich als sinnlos heraus oder erbringen aufgrund der noch nicht ausreichend vorhandenen verkäuferischen Routine nicht die Resultate, die möglich gewesen wären und die ein „alter Hase" wahrscheinlich erreicht hätte. Mit anderen Worten: Sie sollten am Anfang an Ihre persönlichen Grenzen gehen oder diese sogar zeitweise überschreiten, um möglichst schnell auf ein hohes Erfahrungsniveau zu gelangen.

1.5 Praxistipps für einen gelungenen Einstieg in die Vertriebsaufgabe   31

Das erfordert einen sehr hohen oder leicht übermäßigen Arbeitseinsatz, den die erfahrenen Profis aus Gründen des Erfahrungsschatzes so nicht an den Tag legen müssen. Aus diesem Grund unterscheiden sich die Verhaltensweisen des Vertriebseinsteigers und des Profis. Der Profi sollte natürlich auch auf einem hohen Arbeitsniveau agieren, aufgrund seiner Erfahrungen in der Vertriebspraxis ist seine Effizienz jedoch viel höher. Um eine bestimmte Besuchsanzahl zu generieren, benötigt er vergleichsweise weniger Akquisitionstelefonate. Gleichzeitig kann er sein Chancenpolster schneller aufbauen, da er besser einschätzen kann, bei welchen Kunden oder Interessenten die nächsten Verhandlungen anstehen und wie er in die Gespräche optimal einsteigt.

1.5.9 Der Vorteil des Fleißes

Bei der Zusammenarbeit im Team könnte sich bei einem Vertriebseinsteiger die Sorge ausbreiten, dass ihn der anfänglich unbedingt notwendige sehr hohe Arbeitseinsatz in eine Außenseiterrolle drängen könnte, da er für die anderen Teammitglieder aufgrund seiner hohen Besuchsfrequenz kaum sichtbar ist. Der Vertriebsmitarbeiter könnte als „Streber" gelten. Wer möchte dies schon? Diese Sorge ist meistens unberechtigt, denn der Vertriebsprofi weiß aus eigener Erfahrung, dass diese Vorgehensweise richtig ist. Ein erfahrener Vertriebschef ist sich dieses Umstands ebenfalls bewusst und erzeugt in der Regel ein Arbeitsklima, in dem der Vertriebsmitarbeiter gut agieren kann. Aber seien Sie sich als Einsteiger dennoch immer bewusst, dass Sie von Ihren Teamkollegen beobachtet werden. Denken Sie daran, dass in einem Verkaufsteam zwar Kollegialität herrschen sollte, aber beachten Sie, dass konkurrierendes Verhalten und Futterneid auch Teile des Ganzen sind. Betrachten Sie solche Verhaltensweisen als Kompliment. Seien Sie selbstbewusst und gehen Sie Ihren eigenen Weg! So erarbeiten Sie sich Ihren eigenen Platz in der Gruppe der Teamkollegen, und die Anerkennung wird Ihnen gewiss sein.

1.5.10 Es geht nichts über ein konstruktives Feedback

Jeder Mensch braucht Feedback, also Rückmeldungen zu seinem Verhalten. Die Wirkung des eigenen Verhaltens erschließt sich dem Betroffenen nicht

Abb. 1.6 Das „Johari-Fenster" von Joe Luft und Harry Ingham

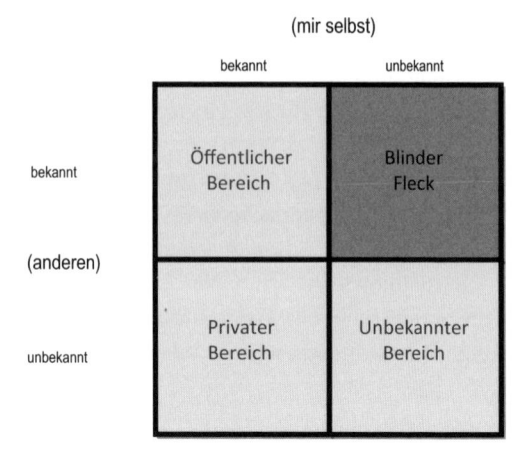

	(mir selbst)	
	bekannt	unbekannt
(anderen) bekannt	Öffentlicher Bereich	Blinder Fleck
(anderen) unbekannt	Privater Bereich	Unbekannter Bereich

vollständig. Dieser Teil, den man selbst nicht vollständig wahrnehmen kann, wird wissenschaftlich als „Blinder Fleck" beschrieben. Das sogenannte „Johari-Fenster", das von Joe Luft und Harry Ingham entwickelt wurde, stellt ein Erklärungsmodell für diesen „Blinden Fleck" dar. In diesem Modell wird das menschliche Verhalten in vier Bereiche untergliedert:

- Bereich, der für einen selbst und andere erkennbar ist – das ist der Öffentliche Bereich.
- Bereich, der nur für einen selbst zugänglich ist – das ist der Private Bereich.
- Bereich, der für niemanden sichtbar ist – das ist der Unbekannte Bereich.
- Bereich, der nur für die Mitmenschen wahrnehmbar ist – das ist der sogenannte „Blinde Fleck" (Abb. 1.6).

Für die persönliche Entwicklung ist es nützlich, durch konstruktives Feedback Informationen zum „Blinden Fleck" zu erhalten, um die eigenen Verhaltensweisen und Außenwirkungen kennenlernen zu können, die einem selbst verborgen bleiben. Menschen, die anderen Menschen ein Feedback geben, übernehmen gleichzeitig ein hohes Maß an Verantwortung, denn der Feedbackempfänger begibt sich sozusagen in die Hände des Feedbackgebers, da er das Gesagte nur schwer überprüfen kann. Er muss ihm also vertrauen können und sollte demnach den Personenkreis, von dem er sich Feedback geben lassen möchte, hinsichtlich der Vertrauenswürdigkeit mit Bedacht und Sorgfalt

1.5 Praxistipps für einen gelungenen Einstieg in die Vertriebsaufgabe

auswählen. Um ein Feedback möglichst nützlich zu gestalten, sollte der Feedbackgeber unbedingt die Feedbackregeln beachten, die nachfolgend aufgeführt werden:

- Direkte Rückmeldung an den Partner über den subjektiven Eindruck des Beobachters (Feedbackgeber)
- Konkrete Informationen geben, d. h. so genau wie möglich formulieren
- Konstruktiv sein
- Nur unmittelbares Feedback geben, also immer kurz nach dem Erlebten (z. B. nach gemeinsamen Aktionen wie Kundenbesuche, Präsentationen, u. v. m.)
- „Ich-Botschaften" formulieren („Mir ist aufgefallen, dass ...")
- Keine Rückmeldungen zu Dingen, die nicht zu ändern sind
- Rückmeldungen seitens des Feedbacknehmers annehmen durch zuhören – nicht unterbrechen, nicht rechtfertigen

Machen Sie sich fit für die Praxis 2

2.1 Fünf Einstiegsübungen zu verkaufspsychologischen Grundlagen

Der Verkaufsprozess wird von Menschen geführt. Sie gestalten die Kommunikation und wirken aufeinander. Sie reagieren jeweils auf das Verhalten des anderen, haben ihre jeweiligen Interessen und verfolgen eigene Zielsetzungen. Sie sind sich auf Anhieb sympathisch oder mögen sich nicht sofort. Während einer zwischenmenschlichen Interaktion kommt es zu wechselseitigen Agitationen und Reaktionen. Das Beste wäre wohl, wenn man sein eigenes Verhalten so einsetzen könnte, dass im Voraus schon klar ist, wie der andere sich verhalten wird – ein Wunschtraum. Meistens ist es schwierig, menschliches Verhalten vorauszusagen oder richtig einzuschätzen. Es ist nicht einfach, zu erkennen, was der andere denkt und wie das eigene Verhalten auf andere wirkt, besser: was es bewirkt. Sich selbst einzuschätzen ist ebenfalls schwierig. Dafür steht beispielsweise die Diskrepanz zwischen Eigen- und Fremdbild. Damit ist gemeint ist, dass das Bild, das der Einzelne von sich hat, nicht immer mit dem Bild übereinstimmt, das seine Mitmenschen von ihm haben. Aus diesem Grund sind wir, um uns selbst besser kennenlernen zu können, auf Feedback, also Rückmeldungen in Bezug auf unsere Wirkungen, von anderen Menschen angewiesen. Ohne Rückmeldungen, sozusagen ausschließlich auf der Grundlage von Selbstreflexionen, ist es wahrscheinlich unmöglich, ein stimmiges Bild von sich selbst herzustellen.

Auf der anderen Seite stehen diesen Einschätzungsschwierigkeiten Forschungserkenntnisse gegenüber, die zeigen, dass menschliches Verhalten in Grenzen durchaus vorhersagbar ist. Es ist für Sie sinnvoll und nützlich, wenn

Sie mit diesem Wissen vertraut sind. Je mehr Sie über menschliches Verhalten wissen, desto besser können Sie Ihr Verhalten darauf abstimmen und erfolgreicher agieren.

Im Folgenden stelle ich Ihnen fünf fundierte psychologische und wissenschaftlich abgesicherte Gesetzmäßigkeiten vor. 1987 setzte sich Erika Spieß mit diesen Gesetzmäßigkeiten aus der Perspektive des Verkaufs in ihrem Selbsttrainingsprogramm „Der Verkäufer als Psychologe" auseinander. Die folgenden Ausführungen basieren auf einigen Inhalten ihres Buches.[1] Ich habe fünf dieser mittlerweile allgemein bekannten Gesetzmäßigkeiten aufgearbeitet, die aus meiner Sicht besonders nützlich für Ihre Verkaufspraxis sein werden. Am Ende jeden Gesetzes möchte ich Sie ermutigen, Ideen und Maßnahmen zu entwickeln, um dieses Wissen in Ihrer Verkaufspraxis nutzen können.

2.1.1 Das Streben danach, sich selbst treu zu sein – das Gesetz der Konsistenz

Verbiege Dich nicht! Das erste Gesetz befasst sich mit einer grundlegenden menschlichen Neigung, nämlich sich selbst treu zu sein. Menschen streben danach, sich wohl zu fühlen. Unwohlsein verursacht bei den meisten Menschen Störungen und löst das Bedürfnis aus, die Störung zu beseitigen oder zu bekämpfen, um wieder den Zustand des Wohlfühlens zu erreichen. Sich selbst treu, mit sich im Einklang oder „Reinen" zu sein, sind Wege, die uns dem Zustand des Wohlfühlens näher bringen. Konsistent zu sein, bedeutet konsequent, vernünftig und vor allem standfest zu sein – das sind Eigenschaften eines geradlinigen Charakters. Das wird in der Gesellschaft geachtet, dafür kann Anerkennung erwartet werden. Es stärkt die Selbstachtung und das Selbstbewusstsein. Das Gesetz der Konsistenz drückt dieses Streben nach Selbsttreue aus. In der Verkaufspraxis lassen sich Situation beschreiben, bei denen das Gesetz der Konsistenz förderlich, aber auch hinderlich sein kann. Im Nachfolgenden je ein Beispiel dafür:

---

[1] Erika Spiess: Der Verkäufer als Psychologe, Die 10 Gesetze der Verkaufspsychologie, NM Verlag Norbert Müller, München 1987.

2.1 Fünf Einstiegsübungen zu verkaufspsychologischen Grundlagen

Beispiel: Förderliche Wirkung

Sie gestalten den Ablauf Ihrer Produktpräsentation so, dass Sie die Vorführung passend zu den zuvor ermittelten Anforderungen durchführen. Nach jedem Präsentationsschritt fragen Sie, ob die Anforderung getroffen worden ist. Der Kunde antwortet mit „Ja". So geht es weiter, der Kunde bestätigt durch sein ausgesprochenes „Ja" immer wieder, dass die technischen Anforderungen gelöst werden. Abschließend stellen Sie die Frage, ob der Kunde sich grundsätzlich eine Zusammenarbeit mit Ihrem Unternehmen und mit Ihnen vorstellen kann. Der Kunde antwortet wieder mit „Ja". Damit haben Sie einen sehr guten Grundstein gelegt und die Präferenzbildung des Kunden zu Ihren Gunsten günstig beeinflusst. Der Kunde hat mehrfach die Stimmigkeit durch ausgesprochene „Ja's" bestätigt, zum Schluss hat er sogar bestätigt, dass er sich grundsätzlich eine Zusammenarbeit vorstellen kann. Wird er sich nun treu bleiben und Ihnen den Auftrag erteilen, wenn Sie anschließend keine Fehler mehr machen? Die Wahrscheinlichkeit ist hoch, jedenfalls sehr viel größer, als wenn Sie auf die Bestätigungsfragen verzichtet hätten.

Beispiel: Hinderliche Wirkung

Sie führen die Produktpräsentation „kalt", also ohne vorherige detaillierte Bedarfsanalyse durch. Sie haben den Kunden statt dessen mit einem Angebot wie: „Das System müssen Sie sich einmal ansehen, Sie werden überrascht sein …" zur Präsentation bewegt. Der Kunde kommt und Sie legen mit einer allgemeinen Präsentation los. Im Laufe der ersten Minuten bemerkt der Kunde: „Ich glaube, das System ist zu groß für uns" und „Solche Anforderungen haben wir doch gar nicht". Jetzt wird es schwer, der Kunde hat es ausgesprochen, sein Konsistenzstreben wird ihn nun zunächst veranlassen, weitere Bestätigungen für seine Annahme, dass das System nicht passt, zu finden. Die Wahrscheinlichkeit, dass es zu einem Vertragsabschluss kommen wird, ist nun gesunken.

> **Übung zum Gesetz der Konsistenz:**
> Überlegen und notieren Sie zwei Beispiele, mit denen Sie eine positive Wirkung bei Ihren Kunden erzielen können:

Beispiel 1: _____

_____

_____

_____

_____

Beispiel 2: _____

_____

_____

_____

_____

2.1.2 Dankbarkeit ist ein menschliches Grundbedürfnis – das Gesetz der Reziprozität

Sich dankbar zu erweisen, ist eine natürliche Eigenschaft des Menschen Wer kennt dieses Bedürfnis nicht: Sie bekommen Besuch und erhalten ein kleines Gastgeschenk. Sie bedanken sich und merken sich, dass Sie sich beim nächsten Besuch oder Treffen ebenfalls mit einer kleinen Aufmerksamkeit bedanken werden. Sich dankbar zu erweisen, ist ein menschliches Grundbedürfnis. Das Gesetz der Reziprozität, das der Sozialpsychologe Robert Cialdini so bezeichnet hat, beschreibt dieses Grundbedürfnis. Sich für eine Gefälligkeit zu revanchieren, ist Ausdruck gesellschaftlicher Normen und grundsätzlich auf die Zukunft ausgerichtet, da der Schenkende darauf setzt, in Zukunft ebenfalls mit einer Gefälligkeit bedacht zu werden. Dieses Verhalten von Menschen schafft wechselseitige Abhängigkeiten und stabilisiert dadurch die Beziehungen von Individuen untereinander.

Geschenke müssen nicht immer Kaufgeschenke im engeren Sinn sein. Diese stehen im betrieblichen Alltag ohnehin in einem schlechten Licht, werden

2.1 Fünf Einstiegsübungen zu verkaufspsychologischen Grundlagen

als Mittel der Vorteilserschleichung angesehen und mit unternehmensinternen Verboten belegt. Geschenke können – weiter gefasst – auch von ganz anderer Art sein, ohne gleich mit dem Gesetz in Konflikt zu kommen. Beispielsweise könnte ein Verkäufer, ohne dass er dazu aufgefordert worden ist, eine schriftliche Bedarfsanalyse anfertigen, aus der unter anderen auch betriebswirtschaftliche Auswertungen hervorgehen, die der Kunde als Entscheidungsgrundlage nutzen kann. Beim nächsten Besuch überreicht der Vertriebsmitarbeiter die optisch ansprechende Unterlage.

Übung zum Gesetz der Dankbarkeit

Überlegen und notieren Sie drei weitere Beispiele, die im weiteren Sinne den Charakter eines Geschenks, einer Gefälligkeit haben, ohne die betroffenen Akteure in Schwierigkeiten zu bringen:

Beispiel 1: _____

Beispiel 2: _____

Beispiel 3: _____

2.1.3 Ja sagen fällt leichter – das Gesetz der Freundlichkeit

Freundliche Gedanken führen zu freundlichem Verhalten Wenn Dir jemand freundlich begegnet, dann führt dies meist auch zu einer freundlichen Gegenreaktionen. Das gilt in der Regel auch für Menschen, die sich nicht auf Anhieb sympathisch sind. Freundlichkeit lässt positive Gefühle wie Nähe, Vertrautheit und Geborgenheit entstehen. Das wollen die meisten Menschen. Personen, die uns freundlich begegnen, begegnen wir unsererseits ebenfalls freundlich – wir revanchieren uns mit Freundlichkeit. Begegnet uns hingegen ein Mensch schroff und unfreundlich, so erwidern wir in der Regel dieses Verhalten und sind ebenfalls abweisend. Menschen in einem gelösten, entspannten, durch Freundlichkeit hervorgerufenen Umfeld vertrauen eher einander und sind eher bereit, dem anderen einen Gefallen zu tun, ein Angebot anzunehmen oder eine Bitte zu erfüllen.

Für den Verkauf gilt, dass Freundlichkeit die Chance erhöht, ein Ja des Kunden zu erhalten, im Vergleich zu einem eher neutralen Verhältnis oder einem Verhältnis, das durch Unfreundlichkeit oder gegenseitige Antipathie gekennzeichnet ist. Die Frage für den Einzelnen sollte demnach lauten: Was kann ich tun, gegebenenfalls vorbereiten, um freundlich agieren zu können? Die Antwort habe ich als Merksatz oben bereits geliefert: Freundliche Gedanken gegenüber einer Person führen in der Regel zu freundlichem Verhalten dieser Person gegenüber. Es ist also lohnend, sich vor einer Kommunikationsaktion einige positive Gedanken zu seinem Gegenüber zu machen, um das zukünftige eigene Verhalten in der Kommunikationssituation – schriftlich, am Telefon oder im persönlichen Gespräch – freundlich zu gestalten. Das ist leicht gesagt, aber in der Tagespraxis nicht immer einfach. Nicht alle Menschen sind sich sympathisch, unsere Einstellung hängt auch oft mit seinem vorherigen Verhalten (wie z. B. der Bemerkung, dass „der Wettbewerb schon einen besseren Lösungsansatz erarbeitet hat") zusammen. Auch könnte es zu unfreundlichem Verhalten des Kunden gekommen sein, was dann, wie wir gelernt haben, erneut unfreundliches Verhalten unsererseits hervorruft, jedenfalls eher als freundliches Verhalten. Viele unserer Verhaltensweisen werden auch unbewusst ausgeführt, wir sind uns also gar nicht im Klaren darüber, was und warum wir gerade etwas tun. Wir finden es normal und angemessen: „Wenn der Kunde ständig meckert und unfreundlich ist, dann kann er doch nicht erwarten, dass ich immer freundlich bleibe". Aus diesem Grunde ist es wichtig und notwendig, dass sich ein Vertriebsmitarbeiter diesen „Verhaltenseffekt" immer wieder vor Augen führt und vor einer Kommunikationssituation erneut Klarheit über sein „richtiges" Verhalten gewinnt.

Übung zum Gesetz der Freundlichkeit

Nehmen Sie sich bitte etwas Zeit und denken Sie nach, wie Sie sicherstellen können, dass Ihnen dieser „Verhaltenseffekt" immer wieder aufs Neue bewusst wird. Manche kleben sich einen Smiley-Aufkleber an das Telefon. Was werden Sie tun? Notieren Sie einige Beispiele:

Beispiel 1: _____

_____

_____

_____

Beispiel 2: _____

_____

_____

_____

Beispiel 3: _____

_____

_____

_____

2.1.4 Die Bedeutung der Referenz – das Gesetz der Mehrheit

Was viele sagen, ist von Bedeutung Robert Cialdini hat den „social proof", den „Sozialen Beweis" beschrieben, der grundsätzlich besagt, dass Menschen sich bei ihren Einzelentscheidungen oft am Verhalten anderer orientieren. Man kann dabei durchaus von der „Macht der Anderen" sprechen, da sie das Verhalten des Einzeln in vielen Fällen beeinflusst, mehr noch: bestimmen kann. Menschen sind von Natur aus Nachahmer von Verhalten und Entscheidungen. Das beginnt im Säuglingsalter und durchzieht das gesamte Leben. Nachahmung bedeutet Lernen, verleiht Sicherheit und beugt Fehlentscheidungen vor (die lebensbedrohliche Ausmaße annehmen können). Was also viele tun, kann ja nicht falsch sein – so die Erkenntnis. Wenn sich zehn Stadtverwaltungen in meinem Umkreis für die Software X entschieden haben, warum sollte ich dies in meiner Stadtverwaltung dann nicht auch tun? Warum soll ich Y wählen, das im gleichen Umkreis keine Stadtverwaltung einsetzt, während offenkundig zehnmal X bestellt wurde? Die können sich doch nicht alle irren? Sollte der Vertriebsmitarbeiter nun eine Referenzliste bereithalten, diese übergeben und mich ermutigen, die anderen einmal anzurufen, um zu erfahren, weshalb sie sich für die Software X entschieden haben, dann wird es für den Vertriebsmitarbeiter der Software Y schwer – in einer solchen Situation sind Referenzen ungeheuer wertvoll!

Es konnte herausgefunden werden, dass Individuen dem Verhalten anderer besonders in unklaren oder mehrdeutigen Situationen eine hohe Bedeutung zumessen. Dies verstärkt den Wunsch nach Nachahmung noch einmal, da es für viele schwierig ist, in einem überschaubaren Zeitraum die beste Entscheidung zu treffen. Übertragen auf den Verkauf von erklärungsbedürftigen Investitionsgütern stellt der im Folgenden dargestellte Vorgang ein solches Beispiel für Mehrdeutigkeit und Unklarheit im Kontext einer Entscheidungsfindung dar. Es geht um eine neue Fertigungsstraße von Kunststoffzwischenprodukten, und drei Unternehmen, A, B und C, sind im Rennen:

Praxisbeispiel

- Der Bedarf könnte zugunsten geringer Kosten auch mit einer einfachen, „abgespeckten" Variante von Anbieter A und C gedeckt werden. Die Anwender und der Betriebsleiter wünschen sich jedoch eine technisch optimale Ausstattung und können dies auch mit tragfähigen Argumenten begründen.
- Anbieter A bietet im Vergleich zu den anderen nur eine Finanzierungsform X an und hebt die besonderen Vorzüge dieser Finanzierung hervor. Die anderen beiden Anbieter bieten mehr als eine Finanzierung an und stellen die Finanzierungsform Y in den Vordergrund. Beide Formen X

2.1 Fünf Einstiegsübungen zu verkaufspsychologischen Grundlagen

und Y lassen einige Vor- und Nachteile erkennen, eine eindeutig beste Form wird nicht deutlich.
- Die betriebsgewöhnliche Nutzungsdauer wird unterschiedlich angegeben, auch unterscheiden sich die Servicekonzepte. Jeder der drei Anbieter kann seine Konzepte „stichhaltig" begründen und stellt sie als vorteilhaft und nutzbringend dar.
- Der mit der Entscheidungsfindung beauftragte Beschaffer ist zum ersten Mal mit dem Einkauf einer neuen Fertigungsstraße betraut worden.

Man kann es spüren: Diese Entscheidungsfindung ist schwierig, die Optionen sind mehrdeutig und augenscheinlich ansatzweise unklar. Jetzt ist guter Rat teuer, oder?

Übung zum Gesetz der Mehrheit

Überlegen und notieren Sie: Was würden Sie als Vertriebsmitarbeiter tun, wenn Sie bei Unternehmen B beschäftigt sind und gehört haben, dass Ihre Lösung in den vergangenen 6 Monaten schon mehrfach verkauft worden ist? Sie haben auch davon gehört, dass es Pressemitteilungen gegeben haben soll und eine Kundenumfrage gestartet wurde.

Ich bereite folgendes vor:
1. _____
2. _____
3. _____
4. _____
5. _____

Ich stelle meine Lösung dem Beschaffer in folgender Form vor (Kommunikationsform):
1. _____
2. _____
3. _____
4. _____
5. _____

2.1.5 Was knapp ist, wird begehrt – das Gesetz der Knappheit

Je knapper eine Sache ist, desto wertvoller und attraktiver kann sie werden Abschließend bemühen wir noch einmal den Sozialpsychologen Robert Cialdini, der in vielen verschiedenen Experimenten nachweisen konnte, dass knappe Güter attraktiver, wertvoller und begehrenswerter erscheinen. Die Ankündigung eines Lebensmittelanbieters, dass der Artikel „nur heute" und „nur solange der Vorrat reicht" erhältlich ist, löst bei vielen Nachfragern Begehren danach aus. Unbewusst sorgen sich die Nachfrager darum, nichts mehr zu bekommen oder etwas besonders Attraktives zu verpassen. Da sich bei knappen Gütern mehrere Parteien darum bemühen, das Gut zu erhalten, entsteht gleichzeitig auch sozialer Wettstreit um die Sache: „Ich will es haben, der andere soll es auf keinen Fall bekommen – koste es, was es wolle!"

Knappheit führt auch gleichzeitig dazu, dass die Wahlfreiheit des Nachfragers, Entscheiders und/oder Beschaffers eingeschränkt wird. Diese Einschränkung der Wahlfreiheit versucht der Betroffene wieder aufzuheben. In der Psychologie spricht man bei diesem Verhaltensphänomen vom sogenannten Reaktanz-Prinzip nach Jack W. Brehm (1966). Ein wichtiger Hinweis: Es hat sich herausgestellt, dass der direkte Hinweis an den Kunden, z. B. eine direkte Aufforderung zum Kauf, auch gegenteilig wirken kann, nämlich eine Trotzreaktion im Sinne von „Jetzt erst recht nicht!" hervorrufen kann. Die eingeschränkte Wahlfreiheit darf nicht durch direkte Aufforderungen, Dominanz oder weiteren Druck verschlimmert werden. Auch die persönliche Verfassung der betroffenen Person sollte nicht öffentlich gemacht werden, um seine Entscheidungshoheit nicht zu untergraben. Für die Verwendung der Verknappung als Stilmittel sollten lediglich allgemeine Hinweise und Informationen ohne direkte Kaufaufforderung kommuniziert werden.

Übertragen auf den Verkauf von Investitionsgütern lässt sich Knappheit konstruieren. Ein Beispiel: „Aktuell haben wir von dem System R2000 nur noch drei Systeme am Lager, die zu diesen niedrigen Konditionen verkauft werden können." Verknappung kann durch Mengen-, Preis-, Ausstattungs- oder Zeitbegrenzungen herbeigeführt werden.

Übung zum Gesetz der Knappheit

Überlegen Sie sich bitte drei Beispiele, wie in Ihrem Umfeld von Produkten und Dienstleistungen eine Verknappung gestaltet werden könnte. Achten Sie darauf, dass die Verknappung glaubwürdig ist. Notieren Sie Ihre Beispiele, diskutieren Sie diese mit Ihrem Vorgesetzen und wenden Sie sie an – was können Sie feststellen?

Beispiel 1:
_____
_____
_____
_____

Beispiel 2:
_____
_____
_____
_____

Beispiel 3:
_____
_____
_____
_____

2.2 Zehn Praxisübungen für Ihren Einstieg ins Tagesgeschäft

Die nachfolgenden zehn Praxisübungen sollen Sie in den kommenden Wochen begleiten. Sie bilden das Herzstück dieses Selbsttrainingsprogramms. Jede Übung ist in sich abgeschlossen, die Übungen bauen aber aufeinander auf – so wie die Themen wahrscheinlich zeitlich aufeinander folgend auf Sie zukommen werden. Es könnte nützlich sein, wenn Sie Ihr Selbsttrainingsprogramm zuvor mit Ihrem Vorgesetzen, Mentor oder Coach besprechen und abstimmen. Die Trainingsthemen sind so gewählt, dass sie sich nahtlos in Ihr Tagesgeschäft einfügen lassen. Einige Inhalte müssen ohnehin von Ihnen bewältigt werden – hierzu bieten die nachfolgenden Übungen dann Struktur und Orientierung. Manche Themen könnten Ihnen als trivial oder zu einfach erscheinen. Dazu ein Praxis-Tipp: Entscheidend in der Verkaufspraxis ist, dass Sie Dinge tun, und nicht denken, dass Sie sie tun könnten. Es ist ein großer Unterschied, ob Sie etwas tun, also tatsächlich umsetzen, oder nur darüber nachdenken, es zu tun! Wenn Sie diesen Grundsatz beherzigen, werden Ihnen viele Herausforderungen und Aufgaben in Zukunft leichter von der Hand gehen – das verspreche ich Ihnen. Sollte eine der nachfolgenden Übungen gar nicht zu Ihrer Vertriebspraxis passen, dann überspringen Sie diese nach reiflicher Überlegung. Sollte sie allerdings auch nur zu einem Teil passen, dann führen Sie die Übung durch und nehmen Sie den Lern- und Trainingseffekt mit. Bedenken Sie, dass Sie nur am Anfang Ihrer Tätigkeit im Verkauf noch in ausreichendem Maß Zeit für Trainings und Lernphasen finden werden. Sind Sie erst einmal richtig im Tagesgeschäft, dann ist es vergleichsweise schwierig, sich dafür Zeit zu nehmen. Am Ende jeder Übung finden Sie eine kurze Checkliste zur Übung selbst. Setzen Sie sich im Rahmen dieses Checks noch einmal mit der Aufgabe auseinander und bewerten Sie deren Nutzen für sich.

Ich wünsche Ihnen viel Freude, Spaß und Lerneffekte bei den nachfolgenden Übungen – wir starten, wie Sie gleich sehen werden, zunächst in kleinen Schritten.

2.2.1 Ihre Vorbereitung für das Tagesgeschäft

Die Vertriebspraxis ist durch ein hohes Maß an Pragmatismus gekennzeichnet. Vertrieb hat handwerklichen Charakter. So wie ein Handwerksmeister sein Werkzeug oder ein Chirurg seine klinischen Instrumente zur Ausführung seiner Tätigkeit benötigt, so gilt dies auch für Sie, wenn Sie Ihrer Verkaufstätigkeit nachgehen – das reicht vom Taschenrechner bis hin zum Musterbuch.

Notieren Sie bitte: Was benötigen Sie, um Ihre Tätigkeit ausführen zu können?

2.2 Zehn Praxisübungen für Ihren Einstieg ins Tagesgeschäft

1.
2.
3.
4.
5.
6.
7.
8.
9.
10.

Notieren Sie: Was fehlt Ihnen bislang noch? Und bis wann haben Sie es beschafft oder erstellt?

Aktion	Bis wann erledigt? (Datum)
1.	
2.	
3.	
4.	
5.	
6.	
7.	
8.	
9.	

Hinweis zu dieser Trainingseinheit: Setzen Sie realistische Erledigungstermine und halten Sie sich unbedingt daran. Schieben Sie die Tätigkeiten nicht vor sich her, messen Sie ihnen eine hohe Bedeutung zu. Achten Sie auf Vollständigkeit und Genauigkeit.

Checkliste zur Übung 1 – Ihre Vorbereitung für das Tagesgeschäft

Checkfragen / Punkte	trifft überhaupt nicht zu 1	2	3	4	5	trifft vollständig zu 6
Die Aufgabenstellung war für mich verständlich						
Bei der Bearbeitung der Aufgabe bin ich gut voran gekommen						
Den Zeitaufwand finde ich angemessen						
Die Beabeitung der Aufgabe hat mich in meinem Tagesgeschäft voran gebracht						
Ich habe nützliche Aspekte dazu gelernt						

Gesamtpunktzahl:

2.2.2 Ihre Zeitplanung

Zeitmanagement ist ein wichtiger Bestandteil Ihrer persönlichen Arbeitsorganisation. Die nachfolgende Selbsttrainingseinheit soll Sie für die Bedeutung der Zeitplanung sensibilisieren und Ihnen helfen, sich schneller zurechtzufinden und Ordnung in Ihre vielfältigen Tätigkeiten zu bringen. Bitte berücksichtigen Sie auch die zu erledigenden Aufgaben aus dem ersten Training in Ihrer Zeitplanung.

Notieren Sie bitte: Welche Tätigkeiten sind in den kommenden zwei Wochen zu erledigen?

2.2 Zehn Praxisübungen für Ihren Einstieg ins Tagesgeschäft

Aufgabe:
Aufgabe:
Aufgabe:
Aufgabe:
Aufgabe:
Aufgabe:
Aufgabe:
Aufgabe:
Aufgabe:
Aufgabe:

Notieren Sie bitte: Welches Planungsinstrument wollen Sie einsetzen (Zeitplaner, Papier, elektronische Zeitplaner)? Anmerkung: Wenn Sie noch unsicher sind, informieren Sie sich, holen Sie sich Ratschläge dazu ein – wie machen es die Kollegen?

Mein Zeitplansystem: _____   _____
Bis wann beschafft _____

Aufgabe und Aktionen: Pflegen Sie die Tätigkeiten der kommenden zwei Wochen in das Zeitplansystem ein, räumen Sie den einzelnen Aufgaben ausreichend Zeit ein.
Hinweis zu dieser Trainingseinheit Arbeiten Sie besonders genau! Weisen Sie den Aufgaben konkrete Zeitfenster zu (30 min, 1,5 Stunden, usw.).

Abschlussübung zu diesem Thema (nach zwei Wochen): Überprüfen Sie nach den beiden Wochen, ob Sie alle Aufgaben erledigen konnten. Falls nein, klären Sie für sich, woran es gelegen hat, und berücksichtigen Sie dies bei Ihren zukünftigen Planungen.

Überprüfen Sie die Aufgaben und die tatsächliche Zeit, die zur Erledigung notwendig war. Passt die geplante Zeit zur tatsächlich benötigten Zeit? Notieren Sie: Worauf werden Sie bei zukünftigen Zeitplanungen besonders achten?

Ich achte auf _____

_____

_____

Checkliste zu Übung 2 – Ihre Zeitplanung

Checkfragen / Punkte	trifft überhaupt nicht zu ←				→ trifft vollständig zu	
	1	2	3	4	5	6
Die Aufgabenstellung war für mich verständlich						
Bei der Bearbeitung der Aufgabe bin ich gut voran gekommen						
Den Zeitaufwand finde ich angemessen						
Die Beabeitung der Aufgabe hat mich in meinem Tagesgeschäft voran gebracht						
Ich habe nützliche Aspekte dazu gelernt						

Gesamtpunktzahl: ☐

2.2.3 Ihr erster Akquisitionsplan

Dieses Trainingsthema setzt voraus, dass Sie bereits wissen, welchen zukünftigen Verkaufsbezirk Sie bearbeiten werden. Beim Einstieg in den Verkaufsbezirk kommt es nun darauf an, einen günstigen Einstiegspunkt zu finden. Anders gesagt: wie ich das Schnitzel am besten anschneide. Es gibt verschiedene Methoden, sich seinem Verkaufsbezirk, seinem Verkaufspotenzial zu nähern.

2.2 Zehn Praxisübungen für Ihren Einstieg ins Tagesgeschäft 51

Sie könnten eine Liste erstellen und „oben" anfangen. Sie könnten aber auch „segmentweise" starten oder erst alle Kunden, dann alle Interessenten besuchen, usw.

Wichtig ist, dass Sie sich eine klare Vorstellung davon machen, wie Sie einsteigen wollen – dafür sollten Sie auch die Vorstellungen Ihres Vorgesetzten berücksichtigen und seine Hinweise mit einbauen.

Notieren Sie bitte: Nach welchen Methoden **könnten** Sie Ihren konkreten Verkaufsbezirk bearbeiten?

Methode 1:
Methode 2:
Methode 3:
Methode 4:
Methode 5:

Überlegen und notieren Sie bitte: nach welcher Methode **werden** Sie Ihren Verkaufsbezirk bearbeiten?

Methode 1:
Methode 2:

Listen Sie nun alle infrage kommende Kunden-/Interessentennamen auf. Planen Sie den Zeitaufwand.

Zusammenstellung des Verkaufspotenzials, erledigt bis: _____
_____
Datum: _____

Hinweis zu diesem Thema: Nehmen Sie sich die Zeit, die notwendig ist. Versuchen Sie, eine Methode zu wählen, die es Ihnen ermöglicht, möglichst schnell in die Akquisition einzusteigen – lassen Sie nicht zu viel Zeit verstreichen, bis es losgeht.

Checkliste zu Übung 3 – Ihr erster Akquisitionsplan

Checkfragen / Punkte	trifft überhaupt nicht zu 1	2	3	4	5	trifft vollständig zu 6
Die Aufgabenstellung war für mich verständlich						
Bei der Bearbeitung der Aufgabe bin ich gut voran gekommen						
Den Zeitaufwand finde ich angemessen						
Die Beabeitung der Aufgabe hat mich in meinem Tagesgeschäft voran gebracht						
Ich habe nützliche Aspekte dazu gelernt						

Gesamtpunktzahl:

2.2.4 Ihre Akquisitionsvorbereitung und -durchführung

Nachdem Sie nun eine Methode für einen günstigen Einstieg in Ihr Verkaufspotenzial festgelegt und Potenzial identifiziert haben, können wir in die Akquisition einsteigen. Hier gilt, dass in den meisten Fällen der Vertriebspraxis das Akquisitionstelefonat den Standard darstellt. Die Akquisition mittels Telefon stellt eine Herausforderung dar. Deshalb ist die Vorbereitung wichtig. Diese Trainingseinheit kann ein Telefontraining selbst zwar nicht ersetzen, sie wird Ihnen aber helfen, in die Akquisition einsteigen zu können.

Grundsätzlich sollten Sie die nachfolgenden Hinweise bei der Akquisition mittels Telefon beachten:

2.2 Zehn Praxisübungen für Ihren Einstieg ins Tagesgeschäft

- Führen Sie die ersten live-Gespräche nicht alleine, sondern bitten Sie Ihren Vorgesetzten, Ihren Mentor oder Kollegen, dass er mithört und Ihnen nach dem Gespräch eine Rückmeldung gibt und Hinweise, was Sie im nächsten Gespräch ausprobieren sollten.
- Planen Sie für die ersten Telefonaktionen nicht zu viel Zeit ein. Zwei bis längstens vier Stunden sind zu Beginn ausreichend – steigern Sie es mit der Zeit. Ausnahme: Sie können sich vor Terminzusagen nicht retten, dann nutzen Sie die Gunst der Stunde.
- Versuchen Sie bei den ersten Telefonaten mit Kunden zu sprechen, von denen Sie annehmen können, dass Sie den Termin sicher erhalten. Verschaffen Sie sich erste Erfolgserlebnisse.
- Suchen Sie sich einen Platz, an dem Sie sich wohlfühlen und ungestört sind.
- Achten Sie an diesem Tag auf Ihre Kleidung, sie sollte zum Business-Anspruch passen und Ihnen ein gutes Gefühl geben.

Bei der Akquisition kommt es darauf an, dass Sie ein Akquisitionsziel festlegen, z. B. einen Kundentermin erhalten (Maximum-Ziel), Informationen geben ohne Termin, usw.

Notieren Sie Ihre Akquisitionsziele:

Akquisitionsziel 1:

Akquisitionsziel 2:

Sofern Ihr Akquisitionsziel die Vereinbarung eines persönlichen Besprechungstermins sein sollte, ist es von erheblicher Bedeutung, am Telefon die richtigen Worte und die richtigen Inhalte zu finden.

Dabei sollten Sie immer die drei folgenden Verhaltensweisen beachten:

- Es gilt, sich immer das Einverständnis des Kunden einzuholen, so dass er Ihre Handlungen autorisiert. Beispiel: „Wären Sie damit einverstanden, dass wir ..."

- Ein Kunde/Interessent gibt Ihnen nur dann einen Termin, wenn er glaubt, dass er etwas von diesem Termin haben wird. Er muss für sich einen konkreten Nutzen erkennen.
- Wenn Sie einen Termin vorschlagen, sollten Sie mindestens eine Terminalternative mit anbieten, um dem Kunden die Möglichkeit einer Entscheidung zu eröffnen.

Im Hinblick auf die kommende Übung nachfolgend einige Leitideen zum Akquisitionstelefonat, die Ihnen als Orientierung dienen können:

- Ihre persönliche Vorstellung,
- der Grund oder die Gründe des Anrufes,
- der Nutzen für den Kunden,
- Terminvorschläge (mehr als einen, damit der Kunde eine Wahlfreiheit hat),
- das Einverständnis für den nächsten Schritt einholen.

Überlegen und notieren Sie bitte: Was sagen Sie genau am Telefon?

Mein persönlicher Akquisitionstext: _____
_____
_____
_____
_____
_____
_____
_____
_____

Hinweis zu dieser Übung: Holen Sie sich Rat von Kollegen oder Ihrem Vorgesetzen ein. Hören Sie Ihren Kollegen bei der Akquisition zu. Probieren Sie Ihren Text aus – er sollte zu Ihnen passen und leicht zu sprechen sein. Verbessern Sie Ihren Text solange, bis er für Sie optimal ist.

2.2 Zehn Praxisübungen für Ihren Einstieg ins Tagesgeschäft   55

Checkliste zu Übung 4 – Ihre Akquisitionsvorbereitung und -durchführung

	trifft überhaupt nicht zu					trifft vollständig zu
Checkfragen / Punkte	1	2	3	4	5	6
Die Aufgabenstellung war für mich verständlich						
Bei der Bearbeitung der Aufgabe bin ich gut voran gekommen						
Den Zeitaufwand finde ich angemessen						
Die Beabeitung der Aufgabe hat mich in meinem Tagesgeschäft voran gebracht						
Ich habe nützliche Aspekte dazu gelernt						

Gesamtpunktzahl:

2.2.5 Ihr erster Kundentermin

Für jeden Kundentermin gilt: professionelle Vorbereitung! Es gibt nichts Schlimmeres, als in einem Kundengespräch eine wichtige Information oder den gerade notwendigen Prospekt nicht griffbereit zu haben. In solchen Momenten kippt das Gespräch in eine ungünstige Richtung. Die mangelnde Vorbereitung bleibt dem Kunden nicht verborgen – Zweifel machen sich breit ... Dem werden wir nun vorbeugen.

Überlegen und notieren Sie: Was muss beim ersten Kundentermin beachtet und vorbereitet werden?

Aktion 1:
Aktion 2:
Aktion 3:
Aktion 4:
Aktion 5:
Aktion 6:
Aktion 7:
Aktion 8:
Aktion 9:
Aktion 10:

Überlegen und notieren Sie: Was könnten Sie noch „besser" oder anders machen bei Ihren Kundenbesuchen? Welchen besonderen – womöglich einzigartigen – Pfiff könnten Sie für Ihre Besuche planen? Was wäre besonders nutzbringend für Ihre Kunden?

Pfiff 1: _____
Pfiff 2: _____
Pfiff 3: _____

Hinweis zu dieser Übung: Bei Kundenbesuchen geht es nicht nur darum, die möglichen Erwartungen des Kunden zu erfüllen, sondern einen besonders positiven, möglichst unerwarteten Eindruck zu hinterlassen. Der Kunde soll sich an Sie erinnern.

2.2 Zehn Praxisübungen für Ihren Einstieg ins Tagesgeschäft   57

Checkliste zu Übung 5 – Ihr erster Kundentermin

Checkfragen / Punkte	trifft überhaupt nicht zu					trifft vollständig zu
	1	2	3	4	5	6
Die Aufgabenstellung war für mich verständlich						
Bei der Bearbeitung der Aufgabe bin ich gut voran gekommen						
Den Zeitaufwand finde ich angemessen						
Die Beabeitung der Aufgabe hat mich in meinem Tagesgeschäft voran gebracht						
Ich habe nützliche Aspekte dazu gelernt						

Gesamtpunktzahl:

2.2.6 Ihr Verkaufsplan

Nachdem Sie nun die ersten fünf Bausteine dieser Selbsttrainingsreihe erfolgreich erarbeitet haben, ist Ihnen die Vertriebspraxis schon sehr viel besser vertraut. Sie sind nun bereit, die nächsten Schritte in Richtung Verkaufsprofi zu gehen.

Der Verkaufsplan spielt dabei eine zentrale Rolle. Er zeigt Ihnen, was Sie erreichen wollen, was möglich ist und gibt Ihnen Hinweise darauf, an welchen Stellschrauben Sie drehen sollten. Er bildet die Grundlage für Ihre Maßnahmenplanung.

Überlegen und notieren Sie bitte: Was ist ein Verkaufsplan, was gehört dazu?

Definition des Verkaufsplans:

_____

_____

_____

_____

Inhalte des Verkaufsplans:

_____

_____

_____

_____

_____

_____

_____

Überlegen und notieren Sie bitte: welche Ziele stecken Sie sich für die kommenden drei, sechs und zwölf Monate? Was soll in diesen Zeiträumen erreicht werden? Erarbeiten Sie dies bitte mit Ihrem Verkaufsleiter oder Mentor.

Ziele für die kommenden 9 Monate:

Ziel 1: _____

_____

Ziel 2: _____

_____

Ziel 3: _____

_____

2.2 Zehn Praxisübungen für Ihren Einstieg ins Tagesgeschäft

Ziele für die kommenden 6 Monate:

Ziel 1: _____

_____

Ziel 2: _____

_____

Ziel 3: _____

_____

Ziele für die kommenden 9 Monate:

Ziel 1: _____

_____

Ziel 2: _____

_____

Ziel 3: _____

_____

Ziele für die kommenden 12 Monate:

Ziel 1: _____

_____

Ziel 2: _____

_____

Ziel 3: _____

_____

Die von Ihnen gesteckten Ziele werden durch Maßnahmen/Aktionen erreicht. Im folgenden Übungsschritt geht es nun darum, die notwendigen Maßnahmen/Aktionen stichpunktartig festzulegen. Dabei beachten Sie bitte die folgenden Kriterien:

Kriterium 1: Sie legen den Inhalt fest.
Beispiel: Akquisitionsbesuche bei Neukunden
Kriterium 2: Sie legen den Zeitraum fest:
Beispiel: Im Monat März
Kriterium 3: Sie legen die Menge fest.
Beispiel: 20 Akquisitionsbesuche

Zusammengefasst entsteht dann eine Maßnahme/Aktion mit Inhalt-, Zeit- und Mengenbezug, deren Erreichungsgrad am Ende der Maßnahme überprüfbar ist. Nur so ist es möglich, den Erfolg zu messen und ggfs. sinnvolle Korrekturen durchzuführen. Gemäß obigen Beispielen würde die Maßnahme/Aktion dann lauten:

Im Monat März werde ich 20 Termine bei Neukunden durchführen und den möglichen Bedarf für unsere neueste Innovation ermitteln.

Listen Sie die zur Zielerreichung notwendigen Maßnahmen/Aktionen nach obigen Kriterien auf, um die zuvor gesteckten Ziele zu erreichen:

Maßnahmen/Aktionen zum 3-Monats-Plan:

Maßnahme 1: _____

Maßnahme 2: _____

Maßnahme 3: _____

Maßnahme 4: _____

Maßnahme 5: _____

2.2 Zehn Praxisübungen für Ihren Einstieg ins Tagesgeschäft

Maßnahmen/Aktionen zum 6-Monats-Plan:

Maßnahme 1: _____

_____

Maßnahme 2: _____

_____

Maßnahme 3: _____

_____

Maßnahme 4: _____

_____

Maßnahme 5: _____

_____

Maßnahmen/Aktionen zum 9-Monats-Plan:

Maßnahme 1: _____

_____

Maßnahme 2: _____

_____

Maßnahme 3: _____

_____

Maßnahme 4: _____

_____

Maßnahme 5: _____

_____

Maßnahmen/Aktionen zum 12-Monats-Plan:
Maßnahme 1: _____
_____
Maßnahme 2: _____
_____
Maßnahme 3: _____
_____
Maßnahme 4: _____
_____
Maßnahme 5: _____
_____

Hinweis zu dieser Übung: Dieser Trainingsschritt ist komplex und nimmt Zeit in Anspruch. Er sollte, wenn möglich, in einem Durchgang erledigt werden. Planen Sie ca. 4 Stunden dafür ein. Sie können ihn auch in zwei Schritte gliedern, Schritt 1: die Festlegung der Ziele, Schritt 2: die Planung von Maßnahmen/Aktionen.

Checkliste zu Übung 6 – Ihr Verkaufsplan

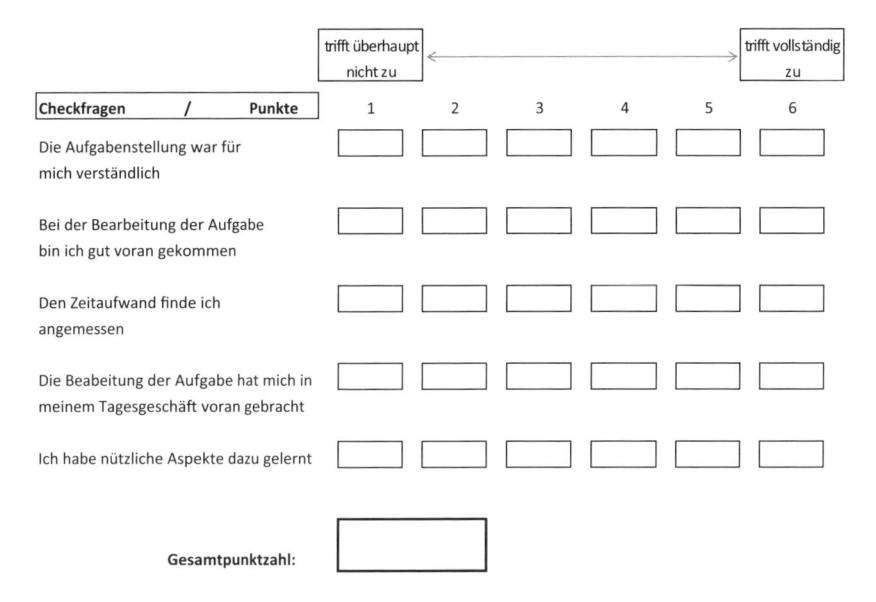

Checkfragen / Punkte	trifft überhaupt nicht zu 1	2	3	4	5	trifft vollständig zu 6
Die Aufgabenstellung war für mich verständlich	☐	☐	☐	☐	☐	☐
Bei der Bearbeitung der Aufgabe bin ich gut voran gekommen	☐	☐	☐	☐	☐	☐
Den Zeitaufwand finde ich angemessen	☐	☐	☐	☐	☐	☐
Die Beabeitung der Aufgabe hat mich in meinem Tagesgeschäft voran gebracht	☐	☐	☐	☐	☐	☐
Ich habe nützliche Aspekte dazu gelernt	☐	☐	☐	☐	☐	☐

Gesamtpunktzahl: ☐

2.2.7 Ihre persönliche Differenzierung

Dieser Trainingsbaustein fordert Ihre Kreativität. Um was geht es? Eine wichtige Leitidee des Marketing besteht darin, dass der Erfolg eines Unternehmens in seinem Markt, bestehend aus Kunden und Wettbewerbern und ihm selbst, dadurch mitbegründet wird, dass es dem Unternehmen gelingt, sich positiv von seinen Wettbewerbern zu differenzieren. Diese positive Differenzierung sollte vom Kunden wahrgenommen werden können und sie sollte für ihn nutzbringend sein, d. h. der Kunde sollte etwas von der Differenzierung haben. Dabei gilt vor allem:

1. Das sich differenzierende Unternehmen ist sich seiner Differenzierung bewusst und kann diese steuern.
2. Die Differenzierung sollte durch den Wettbewerb wenn möglich nur schwer oder gar nicht nachahmbar sein.
3. Die Differenzierung ist für Kunden ökonomisch sinnvoll und nutzbringend.

Dadurch wird die Differenzierung zu einem Wettbewerbsvorteil – das Unternehmen kann besser wachsen und der Wettbewerb hat immer öfter das Nachsehen.

Diese Leitidee kann auch auf Sie übertragen werden. Sie, als Repräsentant Ihres Unternehmens, stehen ebenfalls im Wettbewerb zu den Kollegen anderer Unternehmen und bemühen sich wie diese um die gleichen Kunden. Bei guter und wirkungsvoller persönlicher Differenzierung haben Sie auch so etwas wie einen Wettbewerbsvorteil, der Ihnen zunehmend mehr Verkaufserfolg bescheren wird – und Ihre Wettbewerber haben das Nachsehen. Ein Beispiel vorab:

Praxisbeispiele

Differenzierung: Zu jedem Erstbesuch stelle ich dem Kunden die aktuelle IST-Situation zusammen. Ich beschreibe die Ausgangslage, befrage vorher die Technik (kaufmännische Abteilungen, usw.) und stelle die Kosten zusammen. All dies bereite ich in ansprechender Schriftform auf.

Was hat der Kunde davon? Der Kunde erhält eine kompakte Zusammenfassung der IST-Situation. Er empfindet diese individuelle Fleißarbeit als persönliche Wertschätzung. Er hat weniger Arbeit und kann sich auf der Grundlage der Ausarbeitung besser auf das Gespräch und die zukünftigen Themen einstellen. Die Gesprächsatmosphäre ist angenehm.

Wie nimmt der Kunde die Differenzierung konkret wahr? Durch die Übergabe einer schriftlichen Ausarbeitung, die gemeinsame Erörterung der Unterlage als Gesprächsleitfaden und/oder die Hinführung zu neuen Themen.

Nun sind Sie wieder am Zug, überlegen und notieren Sie bitte. Versuchen Sie, mindestens drei Differenzierungen zu finden, und beschreiben Sie diese. Ergänzen Sie anschließend die Differenzierung um die entsprechenden Maßnahmen/Aktionen, die notwendig sind, um die Differenzierung praktisch umsetzen zu können.

▶ **Ein Tipp:** Denken Sie an Ihre Kollegen. Was könnte zu Ihnen passen? Was könnten Sie im Kundensinne besser machen?

2.2 Zehn Praxisübungen für Ihren Einstieg ins Tagesgeschäft

Übung 1:

Differenzierung 1: _____

_____

Was hat der Kunde davon: _____

_____

Wie nimmt der Kunde die Differenzierung konkret wahr? _____

_____

Notwendige Maßnahmen/Aktionen zur Umsetzung der Differenzierung:

Maßnahme 1: _____

_____

Maßnahme 2: _____

_____

Maßnahme 3: _____

_____

Differenzierung 2: _____

_____

Was hat der Kunde davon: _____

_____

Wie nimmt der Kunde die Differenzierung konkret wahr? _____

_____

Notwendige Maßnahmen/Aktionen zur Umsetzung der Differenzierung:

Maßnahme 1: _____

_____

Maßnahme 2: _____

_____

Maßnahme 3: _____

_____

Differenzierung 3: _____
_____

Was hat der Kunde davon: _____
_____

Wie nimmt der Kunde die Differenzierung konkret wahr? _____
_____

Notwendige Maßnahmen/Aktionen zur Umsetzung der Differenzierung:

Maßnahme 1: _____
_____

Maßnahme 2: _____
_____

Maßnahme 3: _____
_____

Hinweis zu diesem Trainingsschritt: Nehmen Sie sich ausreichend Zeit für diese Übung. Durch Differenzierung im Verkauf verbessern Sie Ihre Chancen zum Verkaufsabschluss in erheblichem Maße! Wer diese Chance nutzt, wird weit vorne landen.

2.2 Zehn Praxisübungen für Ihren Einstieg ins Tagesgeschäft

Checkliste zu Übung 7 – Ihre persönliche Differenzierung

	trifft überhaupt nicht zu					trifft vollständig zu
Checkfragen / Punkte	1	2	3	4	5	6
Die Aufgabenstellung war für mich verständlich	☐	☐	☐	☐	☐	☐
Bei der Bearbeitung der Aufgabe bin ich gut voran gekommen	☐	☐	☐	☐	☐	☐
Den Zeitaufwand finde ich angemessen	☐	☐	☐	☐	☐	☐
Die Beabeitung der Aufgabe hat mich in meinem Tagesgeschäft voran gebracht	☐	☐	☐	☐	☐	☐
Ich habe nützliche Aspekte dazu gelernt	☐	☐	☐	☐	☐	☐

Gesamtpunktzahl: ☐

2.2.8 Ihre Wettbewerbsvorteile

Im Trainingsschritt 7 ging es um Ihre persönliche Differenzierung, die, wenn sie für den Kunden deutlich wahrnehmbar und besonders nutzbringend ist, einen Wettbewerbsvorteil für Sie darstellt. Nun geht es um die anderen Wettbewerbsvorteile, die Sie persönlich nicht beeinflussen können, die jedoch Ihr Unternehmen besitzt. Diese können in allen Leistungsbereichen und Berührungspunkten – Marketing Mix – mit Ihren Kunden liegen.

Für die Steigerung Ihres Verkaufserfolgs ist es wichtig, diese Wettbewerbsvorteile zu erkennen und sie präsent zu haben. Sie benötigen anschließend einen Weg, diese Wettbewerbsvorteile zu Ihren Kunden und Interessenten zu transportieren.

Überlegen und notieren Sie bitte: Welche Wettbewerbsvorteile hat Ihr Unternehmen und was hat der Kunde davon?

Wettbewerbsvorteil 1: _____

Was der Kunde davon hat: _____

Wettbewerbsvorteil 2: _____

Was der Kunde davon hat: _____

Wettbewerbsvorteil 3: _____

Was der Kunde davon hat: _____

Wettbewerbsvorteil 4: _____

Was der Kunde davon hat: _____

Wettbewerbsvorteil 5: _____

Was der Kunde davon hat: _____

Überlegen und notieren Sie: Welche Ihrer Wettbewerbsvorteile kennen Ihren Kunden noch NICHT? Gibt es neue Wettbewerbsvorteile?

Wettbewerbsvorteil 1: _____

Wettbewerbsvorteil 2: _____

Wettbewerbsvorteil 3: _____

Wettbewerbsvorteil 4: _____

Wettbewerbsvorteil 5: _____

Überlegen und notieren Sie: Wie erfährt Ihr Kunde von den Wettbewerbsvorteilen, wie übermitteln Sie die diese? Bedenken Sie: Dem geschriebenen Wort wird mehr Bedeutung beigemessen als dem gesprochenen Wort.

Kommunikationsmaßnahmen:

Maßnahme 1: _____

Maßnahme 2: _____

Maßnahme 3: _____

Maßnahme 4: _____

Maßnahme 5: _____

2.2 Zehn Praxisübungen für Ihren Einstieg ins Tagesgeschäft

Checkliste zu Übung 8 – Ihre Wettbewerbsvorteile

Checkfragen / Punkte	trifft überhaupt nicht zu					trifft vollständig zu
	1	2	3	4	5	6
Die Aufgabenstellung war für mich verständlich	☐	☐	☐	☐	☐	☐
Bei der Bearbeitung der Aufgabe bin ich gut voran gekommen	☐	☐	☐	☐	☐	☐
Den Zeitaufwand finde ich angemessen	☐	☐	☐	☐	☐	☐
Die Beabeitung der Aufgabe hat mich in meinem Tagesgeschäft voran gebracht	☐	☐	☐	☐	☐	☐
Ich habe nützliche Aspekte dazu gelernt	☐	☐	☐	☐	☐	☐

Gesamtpunktzahl: ☐

2.2.9 Ihr Chancenpolster

Nun sind Sie bereits einige Wochen in der Verkaufspraxis und haben schon viel gelernt, viele Hürden überwunden, erste Zwischenerfolge erzielt und womöglich auch schon mal einen Misserfolg verarbeiten müssen, kurz: Sie sind angekommen! Nun ist es wichtig, dass Sie beginnen, sich mit Ihren möglichen Verkaufschancen auseinanderzusetzen. Dabei ist es zunächst nicht bedeutsam, dies so routiniert wie ein „alter Hase" durchzuführen. Es geht vielmehr darum, dass Sie sich dem Thema nun nähern und es ins Blickfeld Ihrer Verantwortung rücken.

In den letzten Wochen waren Sie aktiv, Sie haben Ihrer ersten Termine durchgeführt, Kunden und/oder Interessenten besucht, Geschäfte angebahnt usw. Das Chancenpolster umfasst die konkret von Ihnen geführten Verhandlungen (Verkaufszyklen), von denen Sie annehmen, dass eine Entscheidung darüber getroffen wird. Gelegentlich wird auch von einem „Forecast" gesprochen. Im Investitionsgütervertrieb nimmt man in das Chancenpolster in der Regel diejenigen Verhandlungen (Verkaufszyklen) auf, von denen angenommen werden kann, dass eine Entscheidung in den kommenden 12 bis 18 Monaten getroffen wird. Für Sie ist das Führen eines immer wieder zu aktualisierenden Chancenpolsters wichtig, um daraus diejenigen Verkaufszyklen herauszunehmen, die Sie in die kurzfristige Vertragsabschlussplanung überführen. Damit beschäftigen wir uns im letzten Trainingsschritt.

Übung: Listen Sie bitte alle Verkaufschancen auf, die Sie in den letzten Wochen erarbeiten konnten:

Chance 1: _____

Chance 2: _____

Chance 3: _____

Chance 4: _____

Chance 5: _____

Chance 6: _____

Chance 7: _____

Chance 8: _____

Chance 9: _____

Chance 10: _____

Übung 2: Überlegen Sie bitte für jede Chance, wann aus Ihrer Sicht der Kunde eine Entscheidung treffen wird (Abschlussmonat und -jahr). Hat Ihnen der Kunde etwas gesagt? Welche Einschätzung haben Sie, was meinen Sie? Was wäre realistisch?

2.2 Zehn Praxisübungen für Ihren Einstieg ins Tagesgeschäft

Entscheidung Chance 1: _____

Entscheidung Chance 2: _____

Entscheidung Chance 3: _____

Entscheidung Chance 4: _____

Entscheidung Chance 5: _____

Entscheidung Chance 6: _____

Entscheidung Chance 7: _____

Entscheidung Chance 8: _____

Entscheidung Chance 9: _____

Entscheidung Chance 10: _____

Hinweis zu diesem Trainingsschritt: Normalerweise verfügen Verkaufsorganisationen über eine eigenes elektronisches System, um Verkaufschancen zu führen. Nach Abschluss der Übung sollten Sie Ihre Verkaufschancen auch im System pflegen. Sollte, aus welchen Gründen auch immer, Ihnen ein solches System nicht zur Verfügung stehen, dann kreieren Sie sich ein eigenes System, z. B. mit Excel.

▶ **Ein Tipp:** Das Chancenpolster ist dynamisch und unterliegt ständigen Veränderungen. Nehmen Sie sich regelmäßig die Zeit zur Aktualisierung, mindestens alle zwei Wochen.

Checkliste zu Übung 9 – Ihr Chancenpolster

Checkfragen / Punkte	trifft überhaupt nicht zu					trifft vollständig zu
	1	2	3	4	5	6
Die Aufgabenstellung war für mich verständlich	☐	☐	☐	☐	☐	☐
Bei der Bearbeitung der Aufgabe bin ich gut voran gekommen	☐	☐	☐	☐	☐	☐
Den Zeitaufwand finde ich angemessen	☐	☐	☐	☐	☐	☐
Die Beabeitung der Aufgabe hat mich in meinem Tagesgeschäft voran gebracht	☐	☐	☐	☐	☐	☐
Ich habe nützliche Aspekte dazu gelernt	☐	☐	☐	☐	☐	☐

Gesamtpunktzahl: ☐

2.2.10 Ihre kurzfristige Vertragsabschlussplanung

Nachdem Sie Ihr bisheriges Chancenpolster festgelegt haben, folgt nun der letzte Schritt dieses Selbsttrainingsprogramms. Es geht um die kurzfristige Vertragsabschlussplanung. Diese wird in der Regel einmal im Monat erstellt und mit dem Vorgesetzten besprochen. Sie ist Teil des Vertriebssteuerungssystems. Als Anfänger empfiehlt es sich, die ersten Planungen gemeinsam mit dem Vorgesetzten und/oder Ihrem Mentor durchzuführen. Der Planungshorizont umfasst in der Regel den kommenden Berichtsmonat sowie die dann folgenden zwei Monate. Hierzu gibt es aber keine Regeln – es hängt vom Markt- und Leistungsumfeld ab.

Durch die Beschäftigung mit Ihrer kurzfristigen Vertragsabschlussplanung zum jetzigen Zeitpunkt beginnen Sie frühzeitig, die „Süße" des Verkaufs zu schmecken. Sie können spüren, worauf es ankommt – auf den Vertragsabschluss!

2.2 Zehn Praxisübungen für Ihren Einstieg ins Tagesgeschäft

Übung: Legen Sie bitte aus Ihrer heutigen Sicht fest, wie hoch Ihrer Meinung nach die Wahrscheinlichkeit ist, dass der Kunde eine Entscheidung zu Ihren Gunsten treffen wird. Legen Sie dabei Ihre aktuellen Verkaufschancen zugrunde.

Nutzen Sie dafür folgende %-Sätze:
10 % = gerade am Anfang
40 % = entwickelt sich gut, Wettbewerb ist stark
70 % = Kunde findet Ihre Lösung gut
90 % = Kunde gibt Kaufsignale in Ihrer Richtung

Abschlusswahrscheinlichkeit Chance 1 in % : _____

Abschlusswahrscheinlichkeit Chance 2 in %: _____

Abschlusswahrscheinlichkeit Chance 3 in %: _____

Abschlusswahrscheinlichkeit Chance 4 in %: _____

Abschlusswahrscheinlichkeit Chance 5 in %: _____

Abschlusswahrscheinlichkeit Chance 6 in %: _____

Abschlusswahrscheinlichkeit Chance 7 in %: _____

Abschlusswahrscheinlichkeit Chance 8 in %: _____

Abschlusswahrscheinlichkeit Chance 9 in %: _____

Abschlusswahrscheinlichkeit Chance 10 in %: _____

Abschlussübung/Frage: Welche Chancen gehören in die kurzfristige Vertragsabschlussplanung? Sie brauchen es nicht notieren, das werden Sie jetzt ganz bestimmt wissen. Ich hoffe, dass Ihnen die Trainingsschritte Freude bereitet haben, und wünsche Ihnen für Ihre berufliche Zukunft im Vertrieb alles Gute, viel Erfolg und Zufriedenheit.

Checkliste zu Übung 10 – Ihre kurzfristige Vertragsabschlussplanung

Checkfragen / Punkte	trifft überhaupt nicht zu					trifft vollständig zu
	1	2	3	4	5	6
Die Aufgabenstellung war für mich verständlich						
Bei der Bearbeitung der Aufgabe bin ich gut voran gekommen						
Den Zeitaufwand finde ich angemessen						
Die Beabeitung der Aufgabe hat mich in meinem Tagesgeschäft voran gebracht						
Ich habe nützliche Aspekte dazu gelernt						

Gesamtpunktzahl:

Und was kommt dann? Tipps für Ihre Zukunft 3

Im Laufe der Zeit werden Sie feststellen, dass Sie sich immer besser in Ihrer Aufgabe zurecht finden. Sie haben erste Erfahrungen gesammelt und erledigen Aktionen immer selbstständiger. Es heißt, dass es ca. ein Jahr dauert, bis sich ein Vertriebsmitarbeiter ganz in seine Aufgabe eingefunden hat und Ergebnisse erzielen kann, die den Erwartungen bzw. Zielsetzungen entsprechen. Im Jahr des Einstiegs werden normalerweise individuelle Teil- oder Zwischenziele gesteckt, die den Vertriebsmitarbeiter in seiner Einarbeitung begleiten sollen. Im ersten vollen Geschäftsjahr entschließen sich viele Vertriebsorganisationen dazu, den Einsteigern oder Vertriebs-Junioren ein Juniorziel zu stecken, dass einerseits herausfordernd, andererseits aber dem persönlichen Entwicklungsgrad entsprechen soll. So ist beispielsweise denkbar, dass das Junior-Verkaufsziel 80 % des Senior-Verkaufsziels entspricht. Ab dem zweiten vollen Geschäftsjahr kann jeder Vertriebsmitarbeiter damit rechnen, dass er an einem Senior-Verkaufsziel gemessen und entsprechend eingruppiert wird. Je nach Besonderheiten kann es hier Abweichungen geben, doch für die meisten Verkaufsorganisationen ist diese Vorgehensweise Standard.

Das bedeutet, dass ein Vertriebsmitarbeiter mindestens zwei volle Jahre plus das anteilige Jahr des Einstiegs verwendet, bis er zum ersten Mal, also am Ende des zweiten vollen Jahres, eine Phase mit einem Senior-Verkaufsziel hinter sich bringen konnte. Dann steigt er in das dritte Jahr ein. Nun könnte man, sofern die Zielerreichungsgrade auf einem guten Niveau waren, also die Entwicklung als positiv eingestuft werden kann, davon sprechen, dass der Vertriebsmitarbeiter nun ganz in der Vertriebsaufgabe angekommen ist und beginnt, das

Handwerk zu meistern. Es dauert also eine Weile, um im Vertrieb sattelfest zu werden, um sagen zu können: Jetzt habe ich eine Idee von der Vielschichtigkeit des Jobs und der Vielfalt der Situationen. Jetzt sind Sie auf dem Weg zum Profi.

3.1 Die Routine macht Sie zum Meister

Nach einiger Zeit stellt sich im Vertrieb für viele Aufgaben eine Routine ein. Der Grund sind häufige Wiederholungen von Arbeitsschritten. Die Routine ist sehr nützlich, da Sie so die Arbeitsschritte weiter optimieren und immer schneller ausführen können. Routine steigert demnach Ihre Effizienz und Sie werden dadurch produktiver.

Nachfolgend stelle ich Ihnen einige erprobte Verhaltensweisen vor:

- Versuchen Sie, so viele Arbeitsschritte wie möglich in eine Routine zu überführen.
- Klären Sie, welche Schritte Sie zusammenfassen können.

Praxisbeispiel

- Beispiel 1: Sie könnten die schriftliche Bedarfsanalyse und die Erstellung des Angebotes in einem Schritt zusammenfassen und in einem Durchgang, also bei einem Kundenbesuch, besprechen.
- Beispiel 2: Sie könnten im Rahmen der Produktpräsentation die Bedarfsanalyse immer vorab präsentieren und erörtern – das spart ebenfalls einen Besuch und wirkt auf den Kunden professioneller, da der Informationsgehalt dieses Besuchs größer und somit wertvoller ist.
- Beispiel 3: Akquirieren Sie Besuchstermine nicht nur für die kommende Woche, sondern auch schon für die beiden darauffolgenden Wochen – nutzen Sie den Schwung der gegenwärtigen Akquisitionstätigkeit aus. Hängen Sie bei einer Telefonaktion noch eine Stunde dran. Längerfristige Vorarbeit schafft Raum, sich auf andere wesentliche Elemente zu konzentrieren, und nimmt Druck weg.

3.2 Ihr persönlicher Verkaufsstil entsteht

Der persönliche Verkaufsstil drückt die Verbindung Ihrer erlernten Fertigkeiten im Zusammenspiel mit Ihren Persönlichkeitsmerkmalen aus. Er beschreibt Ihr sichtbares Verhalten während der Ausübung Ihrer Verkaufstätigkeit. So kann gesagt werden, dass bei gleichen Fertigkeiten im gleichen Unternehmens-, Kunden- und Wettbewerbsumfeld die Stile der Vertriebsmitarbeiter unterschiedlich sind, da jeder Mensch individuell ist. Bei den meisten Vertriebsmitarbeitern entwickelt sich der Verkaufsstil von ganz alleine – aus sich heraus. So sollte es meiner Auffassung auch sein, da auf diese Weise der Stil gleichzeitig authentisch und einzigartig ist und zum Vertriebsmitarbeiter passt. Etwas unglücklich ist es, wenn Verkaufsstile adaptiert, d. h. nachgeahmt werden, vielleicht aus Vorbildgründen oder weil man der Auffassung ist, dass es so gemacht werden sollte. Verwerfen Sie solche Ideen. Adaptierte Verkaufsstile haben den Nachteil, dass sie nicht authentisch sind. Darunter könnte die Glaubwürdigkeit des Vertriebsmitarbeiters leiden, da der Stil – also sein Verhalten – nicht gänzlich zu seiner Persönlichkeit passt. Das bleibt den Gesprächspartnern meist nicht verborgen. Auch wenn sie dies womöglich nicht äußern, so nehmen sie es doch wahr und reagieren unbewusst oder bewusst darauf, und zwar nicht so positiv, als wenn sie es mit einem authentischen Gesprächspartner zu tun haben.

Der persönliche Verkaufsstil entsteht in der Regel nicht sofort, sondern entwickelt sich erst im Laufe der Verkaufstätigkeit. Warum ist das so? Am Anfang sind alle Aufgabenstellungen neu, alles muss erst gelernt und eingeordnet werden. Erst die Steigerung der Routine durch Wiederholungen und Übung bedeutet für Sie eine Entlastung, da viele Aufgaben Sie nicht mehr herausfordern und schneller ausgeführt werden können. Diese Steigerung Ihrer Arbeitsproduktivität führt dazu, dass Sie Zeit dafür gewinnen, um sich mit Ihren persönlichen Stärken Ihrem Marktumfeld zu widmen. Sie haben jetzt mehr Zeit darüber nachzudenken, wie Sie Ihren ganz persönlichen Stil entwickeln und kultivieren sollten. Sie können nun Fragen klären wie:

- Was passt zu mir persönlich?
- Welches individuelle Verhalten drückt sich in meinem Stil aktuell aus?
- Welches Verhalten wünschen ich mir – wie sollte es sein?
- Was hat der Kunde davon?

Denken Sie dabei auch noch einmal an die Kapitel zur persönlichen Differenzierung und die Übungen zur persönlichen Differenzierung und Ihren persönlichen Wettbewerbsvorteilen. Diese Übungen werden Sie ja am Beginn Ihres Berufseinstiegs durchführen.

▶ **Praxistipp**
- Nehmen Sie sich die Ergebnisse dieser Übungen nach einem Jahr noch einmal vor und prüfen Sie, was Sie bisher davon umsetzen konnten.
- Überlegen Sie, welche neuen Aspekte und Möglichkeiten sich ergeben haben. Wie könnten Sie nun die Feinjustierung durchführen?
- Erstellen Sie für sich gegebenenfalls modifizierte oder neue Vorgehensweisen.

Dieses Innehalten, diese Überprüfung und Denkleistung, geht sehr häufig im Tagesgeschäft unter oder wird verschoben. Die Hektik lässt es kaum zu, dafür Raum zu gewinnen. Nehmen Sie sich die Zeit, die Sie durch die Steigerung Ihrer Arbeitsproduktivität gewonnen haben. Für Ihre berufliche Zukunft ist es von großer Bedeutung, dass es Ihnen gelingt, ein persönliches Ritual zu entwickeln, bei dem Sie regelmäßig feststellen, wie Ihre aktuelle Vorgehensweise ist, was gut funktioniert, wo die Felder der Verbesserung liegen und wie Sie sich verbessern können. Lassen Sie sich von Kollegen, mit denen ein gutes Vertrauensverhältnis besteht, oder von Ihrer Führungskraft Feedback geben. Ein Ratschlag dazu: Führen Sie eine solche Standortbetrachtung zweimal im Jahr durch – das erste Mal am Anfang des Geschäftsjahres, das zweite Mal in der Mitte des Geschäftsjahres.

3.3 Der Umgang mit Niederlagen

Zu den motivierenden Verkaufserfolgen, die Sie in den nächsten Jahren herbeiführen werden, gesellen sich auch hin und wieder Niederlagen. Das bedeutet, dass Sie im Rahmen von Verhandlungen nicht derjenige sind, für den sich der Kunde entscheidet, er vergibt den Auftrag anderweitig, an den Wettbewerb. Das ist kein besonders schöner Moment und wird in den meisten Fällen als

3.3 Der Umgang mit Niederlagen

Niederlage, manchmal sogar als persönliche Niederlage, empfunden. Sie werden lernen müssen, mit Niederlagen umgehen zu können, denn sie gehören zum Vertriebsalltag genauso dazu wie die Verkaufserfolge. Das bisweilen Unangenehme an einem verlorenen Auftrag ist, dass der Vertriebsmitarbeiter schließlich ebenso viel Arbeit investiert hat wie in den Fällen, die gewonnen werden. Es entsteht das Gefühl, alles umsonst gemacht zu haben. Das ist enttäuschend. Welche Möglichkeiten habe ich, mit zeitweilig auf mich zukommenden Niederlagen besser fertigzuwerden? Dazu gebe ich Ihnen einige Tipps mit auf den Weg:

Tipp 1: Versachlichen Sie die Situation Versuchen Sie zunächst, den Vorgang zu versachlichen und nicht vorschnell oder zu stark von Gefühlen beeinflusst zu reagieren. Versuchen Sie zu klären, woran es wirklich gelegen haben könnte – im Zweifel fragen Sie den Kunden, wenn Sie sich in einer entspannten Verfassung befinden.

Tipp 2: Fällen Sie kein vorschnelles Urteil Hüten Sie sich davor, ein schnelles Urteil zu fällen. Machen Sie es nicht zu leicht und identifizieren Sie nicht schnell eine einfache Ursache, z. B. die Rahmenbedingungen. Meistens hat der Verlust eines Auftrages eine komplexe Struktur, d. h. es greifen mehrere Ursachen ineinander. Diese sollten aufgearbeitet werden.

Tipp 3: Leiten Sie keinen Trend ab Einen Auftrag nicht zu erhalten ist keineswegs der Anfang eines Trends. Vermeiden Sie solche Gedanken oder pseudo-plausiblen Zusammenhänge. Manchmal drängen sich diese falschen Ideen geradezu auf. Jeder Kundenfall liegt anders, jedes Beziehungsgeflecht ist individuell. Sollten die Rahmenbedingungen tatsächlich zeitweise ungünstig sein, weil womöglich der Wettbewerb eine Innovation auf den Markt gebracht hat, dann stellen Sie sich im Vorfeld darauf ein und suchen Sie nach Wegen, wie Sie damit umgehen können.

Tipp 4: Akzeptieren Sie die Realität Es ist wichtig, nicht nur zu verstehen, dass nicht alle Verhandlungen gewonnen werden können, sondern dass Sie diese Realität akzeptieren und in Ihren Vertriebsalltag einbeziehen. Es gibt nicht nur gute Tage im Verkauf, sondern eben manchmal auch unschöne Erlebnisse. Sie können aber davon ausgehen, dass nach einem solchen Tag auch wieder bessere Zeiten kommen werden.

Tipp 5: Suchen Sie die Chance Das Gefühl, bei einem verlorenen Auftrag umsonst gearbeitet zu haben, stimmt objektiv nicht. Jede Handlung, jedes Gespräch trainiert und übt. Golfer wissen das am besten. Es gibt mehr schlechte als gute Runden, aber die schlechten Runden trainieren ungemein. Suchen Sie also bei verlorenen Aufträgen nach den Chancen für bevorstehende Verkaufszyklen. Versuchen Sie herauszufinden, was Sie beim nächsten Mal besser machen können.

Tipp 6: Beantworten Sie die Kernfrage: Habe ich alles getan? Der wichtigste Tipp im Umgang mit Niederlagen ist die Klärung einer Frage, die Sie sich selber stellen sollten. Sie lautet: Habe ich wirklich das Bestmögliche getan, um den Auftrag zu erhalten? Dazu noch einige Hilfsfragen: Sind Sie alle Schritte richtig gegangen? Haben Sie professionell agiert? Haben Sie Fehler vermieden? Wenn Sie die Kernfrage guten Gewissens mit Ja beantworten können, dann machen Sie sich keine weiteren Vorwürfe und wenden Sie sich neuen Chancen zu – es ist schlichtweg unmöglich, alle Verhandlungen zu gewinnen.

Fazit: Wenn Sie diese Tipps beherzigen, wird es Ihnen leichter fallen, auch einmal mit einer Niederlage umzugehen. Bedenken Sie: Der konstruktive Umgang mit einer Niederlage ist persönlichkeitsbildend und Sie entwickeln sich weiter – das ist alles andere als ein Nachteil.

3.4 Win-Win-Situation oder Nullsummenspiel – manchmal eine Frage des Gewissens

„Einem guten Vertriebsmitarbeiter sollte es gelingen, eine Win-Win-Situation zu erzeugen." Aber was genau ist damit gemeint? Was ist eine Win-Win-Situation überhaupt? Was steht der Win-Win-Situation gegenüber, falls dieses Vorhaben am Ende einer Verhandlung nicht erreicht worden ist? Was genau ist in diesem Zusammenhang ein Nullsummenspiel, und vor allem: Was hat das mit Ihrem Gewissen zu tun? Diesen Fragestellungen gehen wir in den folgenden Abschnitten nach und beleuchten sie aus der Perspektive Ihres Vertriebsalltags. Sie werden in der Praxis überrascht sein, wie oft Ihr Gewissen mit dem Spannungsverhältnis zwischen Win-Win-Situation und Nullsummenspiel konfrontiert sein wird.

3.4 Win-Win-Situation oder Nullsummenspiel

Die Begriffe des Nullsummenspiels und der Win-Win-Situation finden Sie, wenn Sie sich mit der Spieltheorie, also der Wissenschaft vom strategischen Denken, beschäftigen. Strategisches Denken führt zu strategischem Verhalten, und zwar im privaten wie auch beruflichem Umfeld. Strategisches Verhalten bedeutet, Entscheidungen zu treffen. Das werden Sie im Rahmen von Verhandlungen und Verkaufsgesprächen in Zukunft jeden Tag mehrfach tun. Die Frage ist, nach welchen Prinzipien und Methoden Sie dabei vorgehen werden. Mit den vorangegangenen Ausführungen und Übungen haben Sie sich selbst schon eine Vielzahl von Wegen und Möglichkeiten zu „richtigen" Entscheidungen im Verkaufsalltag erarbeitet. Sie werden sehr nützlich sein. Nun gehen wir jedoch einen Schritt weiter und analysieren strategisches Verhalten bzw. Entscheidungen, die auf strategischem Verhalten beruhen.

In diesem Abschnitt möchte ich auf eine Besonderheit der Verhandlungsführung eingehen, bei der man nicht kategorisch sagen kann, was richtig oder falsch ist – es ist, wie in der Kapitelüberschrift beschrieben, manchmal eine Frage des Gewissens. Sie werden jedoch sehen, dass es tendenziell einen besten Weg gibt. Wir werden beide Entscheidungswege beleuchten und diskutieren. Die Grundfrage für Sie – und Ihren Verhandlungspartner – lautet: Schlage ich den Weg eines „Nullsummenspiels" oder zu einer „Win-Win-Situation" ein? Zunächst einmal setzen wir uns mit den Begriffen selbst auseinander. Von einem Nullsummenspiel wird dann gesprochen, wenn der Gewinn einer Person oder eines Unternehmens gleichzeitig für eine andere Person oder ein anderes Unternehmen einen Verlust bedeutet. Ein einfaches Beispiel macht den Zusammenhang deutlich: Sie wetten mit einer Person darum, dass Arminia Bielefeld gegen den FC Bayern mit 1:0 gewinnt. Sie einigen sich auf einen Wetteinsatz in Höhe von 10,- €. Sie gewinnen die Wette, Ihr Wettpartner verliert. Ihr Gewinn besteht nun aus 10,- €, wobei Ihr Wettpartner einen Verlust von 10,- € verbuchen muss. Rechnerisch ergibt Ihr Gewinn + 10,- € plus der Verlust – 10,- € ist gleich Null. Aus diesem Grund wird dieses Ereignis Nullsummenspiel genannt. Im Gegensatz dazu steht die sogenannte Win-Win-Situation, bei der beide Partner oder Unternehmen am Ende einer Entscheidungsfolge oder Verhandlungsführung gewonnen haben, also keiner der Partner einen Verlust zu verzeichnen hat. Das könnte z. B. dann der Fall sein, wenn eine technische Lösung dazu führt, dass ein Unternehmen dadurch seine Kosten um einen erheblichen Betrag absenken kann, der Lieferant der technischen Lösung einen entsprechend adäquaten Deckungsbeitrag erwirtschaftet und der Vertriebsmitarbeiter eine Provision erhält.

3.4.1 Das Spannungsfeld zwischen Win-Win-Situation und Nullsummenspiel

Worin besteht nun das Spannungsfeld? Im Kontext von Verhandlungen über Investitionsentscheidungen ist der Übergang von einer Win-Win-Situation zum Nullsummenspiel fließend. Es gibt Verhandlungen, die darin enden, dass beide Partner gut mit dem Verhandlungsergebnis leben können. Dann sprechen wir von einer Win-Win-Situation. Es gibt aber auch Verhandlungsergebnisse, bei der nur eine Partei gut, die andere hingegen schon nicht mehr so gut mit dem Ergebnis leben kann; es ist ihr zwar noch kein Verlust entstanden, aber sie hätte sich ein ökonomisch besseres Ergebnis gewünscht bzw. es wäre ein besseres Ergebnis notwendig gewesen (Übergangssituation). Und dann gibt es die Situation, dass einer gut, der andere nur noch schlecht mit dem Ergebnis leben kann. Manchmal muss eine der Parteien sogar am Ende einer Verhandlung einen Verlust verbuchen, der auch nicht mehr mit dem Argument „eine Investition in die Zukunft" begründet werden kann (Nullsummenspiel). Das kommt nicht selten vor.

Wir haben aus der Spieltheorie gelernt, dass es zwar theoretisch möglich ist, per Definition eine scharfe Abgrenzung zwischen Win-Win-Situation und Nullsummenspiel zu ziehen, aber in der Praxis können beide Situationen fließend ineinander übergehen. So kann es sein, dass am Anfang einer Verhandlung womöglich beide Verhandlungsparteien eine Win-Win-Situation anstreben, die sich im Laufe der Verhandlungen über eine Übergangssituation in Richtung Nullsummenspiel verändert. Die nachfolgende Abb. 3.1 zeigt die Ergebnisse der oben beschriebenen Verhandlungsergebnisse übersichtlich auf.

3.4.2 Ursachen und Einflüsse, die unterschiedliche Verhandlungsergebnisse begründen

Was sind die Ursachen für den unterschiedlichen Ausgang von Verhandlungen? Dazu lassen sich eine Reihe von Gründen und Beeinflussungen aufzählen. Im Nachfolgenden stelle ich Ihnen einige zusammen:

- *Die Zielsetzungen und Charaktere der Verhandlungsführer*
  Menschen verhandeln mit Menschen und nicht Unternehmen mit Unternehmen. Somit treffen Menschen aufeinander, die mit ihren ganz persön-

3.4 Win-Win-Situation oder Nullsummenspiel

Abb. 3.1 Schematische Darstellung des Übergangs von der Win-Win-Situation zum Nullsummenspiel

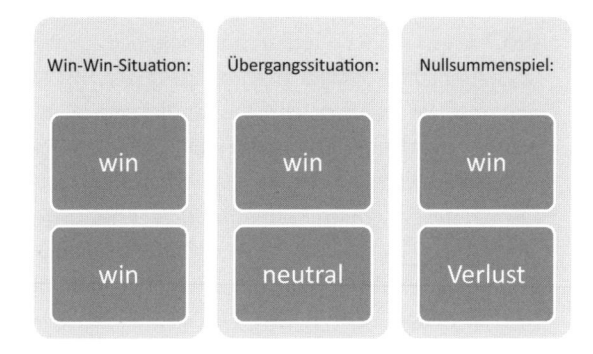

Win-Win-Situation:	Übergangssituation:	Nullsummenspiel:
win	win	win
win	neutral	Verlust

lichen Zielsetzungen und Charaktereigenschaften miteinander interagieren. Das heißt auch, dass zwei Personen oder Personenkreise aufeinander reagieren. Nicht unwesentlich sind dabei Sympathiegefühle sowie Zu- oder Abneigung der betroffenen Personen. Wie in jedem sozialen Umfeld entstehen Paarungen oder Gruppen, die gut miteinander auskommen, und solche, die nicht so gut miteinander können. Auch gibt es angenehme und eher unangenehme Charaktereigenschaften. In Kombination mit den jeweiligen Zielsetzungen können vollkommen unterschiedliche Verhandlungsergebnisse erzielt werden.

- *Die persönlichen Wertesysteme der Verhandlungsführer*
Jeder Mensch verfügt – sofern er sich in einem sozialen Umfeld entwickeln konnte – über ein persönliches Wertesystem, das durch Prägungen, Überzeugungen und Erfahrungen, gepaart mit seinen persönlichen Eigenschaften, entsteht und sich weiterentwickelt. Die meisten Menschen spüren, was für sie richtig oder falsch, zumutbar oder nicht mehr zumutbar ist, wo die Grenzen dessen liegen, was man einem anderen Menschen abverlangen kann, oder wo Grenzen überschritten werden. Bei einer gleichartigen gesellschaftlichen Gruppe, die ein Normen- und Wertesystem miteinander teilt, sind die Werte ähnlich, können jedoch für den Einzelnen recht unterschiedlich sein. Was für den einen ok ist („Lass doch den Lieferanten noch drei Angebote machen …"), ist es für den anderen nicht mehr („Warum soll ich ihn weiter bemühen, wenn mir doch klar ist, dass ich woanders kaufen werde?").

- *Das Verhandlungsgeschick der Verhandlungsführer*
Das sogenannte Verhandlungsgeschick wird bestimmt durch eine Mischung aus Talent, Intuition, Ausbildung und Erfahrungen und beeinflusst

den Ausgang einer Verhandlung in erheblichem Maße. Die zuvor erwähnte Spieltheorie befasst sich grundlegend mit strategischen Entscheidungen, u. a. im Rahmen von Verhandlungen. Kenntnisse über grundlegende Muster, Prinzipien und Methoden, die in der Spieltheorie wissenschaftlich untersucht werden, können Ihr Verhandlungsgeschick verbessern.

- *Die Art des Marktes – Käufermarkt vs. Verkäufermarkt*
Von einem Käufermarkt wird dann gesprochen, wenn der Käufer das Verhandlungsverfahren oder seine Kaufentscheidungen dominiert, d. h. heißt die Macht liegt beim Käufer. Das ist z. B. dann der Fall, wenn viele Anbieter sich um einen Auftrag in einem Verdrängungsmarkt bemühen. Der Käufer braucht unter Umständen nur abwarten und beobachten, wie die anbietenden Unternehmen versuchen, sich zu übertrumpfen, um den Auftrag zu erhalten. Er hat in diesem Fall ein relativ einfaches Spiel. Beim Verkäufermarkt ist es umgekehrt, hier liegt die Macht beim Verkäufer. Er braucht nur zu warten, die Kunden werden schon kommen, da er womöglich der einzige ist, der ein begehrtes Produkt oder eine begehrte Dienstleistung anbietet. Ein gutes Beispiel dafür war die Einführung des Apple-Produkts „iPhone" in Kooperation mit der deutschen Telekom. Die jeweilige Machtposition der Verhandlungsführer nimmt also erheblichen Einfluss auf die Verhandlungsführung und somit das Verhandlungsende.

- *Die allgemeine Marktdynamik innerhalb der Branche*
Die allgemeine Marktdynamik beschreibt unter anderen den Grad der möglichen Vorhersagbarkeit des zukünftigen Marktgeschehens und insbesondere des Verhaltens der Marktakteure. Bei einer hohen Marktdynamik ändern sich die Umstände rasant. Insolvenzen, Unternehmenszusammenschlüsse, hohe Wechselbereitschaft in den Vertriebsmannschaften, häufige Strategiewechsel und Anpassungen sind Kennzeichen einer hohen Marktdynamik und machen die Vorhersagbarkeit des Verhaltens schwer – es ist mit allem zu rechnen. Das verunsichert die Marktteilnehmer. Diese Unsicherheit lässt sich dann auch in der Verhandlungsführung wiederfinden und beeinflusst den Verhandlungsprozess.

- *Die Verhalten der Wettbewerber*
Die Wettbewerber als eine Teilgruppe des Marktes befinden sich wie das eigene Unternehmen je nach aktueller Ergebnissituation und/oder Zielsetzungen in ständiger Bewegung. Sie richten und justieren ihre Taktik und Vorgehensweise immer wieder neu aus. Ein Unternehmen, das sich vorge-

nommen hat, in einem Quartal seine Marktanteile signifikant zu steigern und dieses auf Vertriebsebene mit einem Verkaufswettbewerb unterstützt, geht davon aus, dass seine Verkaufsmannschaft bezogen auf die entsprechende Produktgruppe in der Verhandlungsführung anders agiert – womöglich dynamischer und aggressiver als ohne diese Zielsetzungen und Wettbewerbe. Das bedeutet, dass Sie plötzlich mit einem anderen Verhalten Ihrer Wettbewerber rechnen müssen und dies in Ihre Taktik einbauen sollten.

- *Die konkrete Unternehmenssituation der verhandlungsführenden Unternehmen*
Die in den jeweiligen Unternehmen vorherrschenden Rahmenbedingungen, vor allem die aktuelle Unternehmenssituation, beeinflusst das Verhalten der Verhandlungsführer, wie Vertriebsmitarbeiter und den mit der Beschaffung befassten Personenkreis. Aus der aktuellen Unternehmenssituation leiten sich angewiesene oder stillschweigende Verhaltensweisen ab. Steht z. B. das beschaffende Unternehmen unter Druck oder kämpft sogar um sein Überleben, könnte der Einkauf versuchen, so billig wie möglich einzukaufen, ggf. zu Lasten des Lieferanten – Tendenz: Nullsummenspiel.

Alle oben beschriebenen Aspekte nehmen ursächlich Einfluss auf den Ausgang einer Verhandlung. Und genau da liegt die Herausforderung für die Verhandlungsführer, wobei wir uns im nachfolgenden auf die Rolle des Vertriebsmitarbeiters, also auf Ihre Rolle, konzentrieren werden. Stellen Sie sich einmal folgendes Szenario vor: Sie befinden sich in der Phase der Lösungskonzeption, nachdem Sie die IST-Situation des Kunden und seinen Bedarf genau analysiert haben. Ihre auf den Bedarf am besten passende Lösung ist der Maschinentyp A und ein Servicevertrag B. Mit dieser Lösung erzielen Sie auch für Ihr Unternehmen ein gutes Ergebnis, einen angemessenen Deckungsbeitrag und einen soliden Servicevertrag. Ebenso würde in diesem Fall eine entsprechende Provision ausbezahlt. Nun, Sie denken weiter nach und ermitteln noch zwei Lösungsansätze, die zwar den Kundenbedarf nicht vollständig, aber immerhin aus Ihrer Sichtweise einmal ausreichend und im dritten Fall befriedigend abdecken. In jedem Fall kann der Kunde auch mit dem zweiten und dritten Lösungsansatz gut leben. Der zweite Fall würde Ihre Provision um 30 %, der dritte Fall sogar um 60 % steigern, da Sie im Falle zwei und drei mit anderen Maschinentypen und anderer Ausstattung arbeiten, aber die Preise nicht so weit absenken müssten wie im Fall eins. Ihr Unternehmen käme mit allen drei Varianten zurecht, wobei es aufgrund der aktuellen unternehmenspolitischen Situation Modell 1 präferieren würde. Sie selbst stellen auch fest, dass Lösungsansatz 1 für den Kunden unangefochten der beste Ansatz ist, während Lösung 3, mit der der Kunde aus Ihrer Sicht auch leben könnte, Ihnen die höchste Provision bringt. Was ist zu tun? Lösung 1 wäre tatsächlich eine Win-Win-Situation, Lösung 3 nicht mehr, womöglich kurz vor dem Nullsummenspiel, da Ihr Provisionszuwachs im Vergleich zu Variante eins gleichzeitig einen Nutzenverlust für Ihren Kunden darstellen würde.

Spätestens an dieser Stelle unserer Überlegungen wird es jetzt noch komplexer, denn es gesellt sich ein weiterer Aspekt hinzu: der dritte Akteur in dieser Interaktion, der Wettbewerb. Aus Ihrer und der Sicht des Kunden trifft Lösung 1 Ihres Unternehmens den Kundenbedarf am besten. Das heißt gleichzeitig, dass diese Lösung 1 die beste Position gegenüber dem Wettbewerb ist – besser können Sie sich gegenüber dem Wettbewerb nicht aufstellen. Damit haben Sie sich eine Stellung erarbeitet, bei der die Wahrscheinlichkeit, dass der Kunde eine Entscheidung zu Ihren Gunsten trifft, im Vergleich zur Lösung 2 und 3 am höchsten ist. Lösung 2 und 3 stellen schwächere Positionen im Wettbewerbsumfeld dar, da der Kundennutzen jeweils geringer ist. Womöglich laufen Sie bereits mit Lösung 2 Gefahr, den Auftrag nicht zu erhalten, da womöglich einer der Wettbewerber mit seinem Lösungskonzept eine Nasenspitze weiter vorne liegt als Sie mit Ihrer Lösung 2 – hier ist jetzt Gefahr in Verzug. Sie sind Ihrem Unternehmen gegenüber verpflichtet, die bestmögliche Ausgangssituation zu erzeugen, um den Auftrag zu erhalten. Das steht nun womöglich im Widerspruch zu Ihrer Idee, Lösung 3 zu präferieren, die Ihnen die höchste Provision bringt. Nun könnte Ihr Gewissen auf den Plan rücken. Soll ich Lösung 1, die beste Lösung, oder Lösung 3 mit der höchsten Provision vorantreiben? Lassen Sie sich an dieser Stelle etwas Zeit, machen Sie vielleicht eine kurze Lesepause und denken nach – können Sie sich in eine solche Situation hineinversetzen? Was sagt Ihnen Ihre innere Stimme? Fallen Ihnen Argumente für Lösung 1 und 3 ein, tendieren Sie womöglich zur Mitte, also Lösung 2?

3.4.3 Der gute Weg – ein Tipp

Grundsätzlich wäre mein Tipp, dass Sie immer versuchen sollten, diejenige Lösung zu präferieren, die dem Kunden den höchsten Nutzen bietet, in diesem Fall Lösung 1. Warum? Nachfolgend vier Argumente:

3.4 Win-Win-Situation oder Nullsummenspiel

- Argument 1: Mit Lösung 1 sind Sie im Wettbewerbsumfeld am besten aufgestellt, da der Wettbewerb Ihre Lösung im Vergleich zu den anderen Varianten schlechter angreifen und womöglich Ihre Absichten aufdecken kann. Hier ist die Abschlusswahrscheinlichkeit am größten.
- Argument 2: Diese Lösung bietet Ihrem Kunden den höchsten Nutzen, das heißt gleichzeitig, dass die Wahrscheinlichkeit am höchsten ist, die größte Kundenzufriedenheit zu erreichen. Eine alte Vertriebsweisheit besagt: „Der zufriedene Kunde ist der Schlüssel zum Verkaufserfolg." Sie können in der Betreuungsphase immer wieder auf die Richtigkeit der damaligen Entscheidung verweisen und den besonderen Nutzen mit Stolz herausstellen.
- Argument 3: Ihre persönliche Produktivität verbessert sich, da Sie keine Zeit darauf verwenden müssen, nach alternativen Lösungen Ausschau zu halten, diese zu kalkulieren, entsprechende Provisionen zu ermitteln und sich dann noch zu überlegen, wie Sie das dem Kunden mit Ihrem gegebenenfalls leicht schlechtem Gewissen „verkaufen" wollen. Diese Zeit können Sie besser dafür nutzen, nach neuen Geschäften zu schauen und zu akquirieren.
- Argument 4: Lösung 1 ist eine Win-Win-Situation, beide Geschäftspartner gewinnen – das ist im Vergleich zur Übergangsphase oder dem Nullsummenspiel die bessere Wahl. Es ist für beide Parteien eine entspannte Situation, auf die sich beide Verhandlungspartner auch immer wieder beziehen und darüber sprechen können. An Ihrer „guten Tat" können Sie sich auch später immer wieder erfreuen.

Kleiner Exkurs zum Provisionssystem Sie könnten einwenden, dass ein Provisionssystem eigentlich die Möglichkeit einer höheren Provision bei geringerem Kundennutzen gar nicht zulassen dürfte. Da gebe ich Ihnen grundsätzlich Recht. Aber die Erfahrung bei der Entwicklung von Provisionssystemen zeigt immer wieder, dass bei einem größeren Leistungsumfang des Lieferanten aufgrund der Vielzahl von Geschäftsvorfällen immer wieder Konstellationen entstehen können, die so etwas zulassen. Stellen Sie sich einmal vor: Es gibt System A2, welches technisch besser ist als das Vorgängersystem A1. A2 kann als fabrikneu, das Vorgängersystem A1 kann noch als generalüberholt vermarktet werden. A2 hat einen Verkaufspreis in Höhe von, sagen wir, 50.000,- €, A1 als generalüberholtes System einen Verkaufspreis in Höhe von 30.000,- €. In beiden Systemen ist ein Deckungsbeitrag in Höhe von 10.000,- € einkalkuliert. Für den erzielten Deckungsbeitrag erhalten Sie 5 % Deckungsbeitragsprovision. Sie bieten System A2 für 50.000,- € an und würden demnach bei

Vertragsabschluss einen Provisionsanspruch in Höhe von (5 % von 10.000,- €) 500,- € erzielen. Wenn Sie allerdings das Vorgängermodel A1 z. B. mit 20 % Rabatt auf die aktuelle Baureihe A2, also zu 40.000,- €, anbieten würden, dann würden Sie 10.000,- € Deckungsbeitrag erwirtschaften, die schon im Verkaufspreis von 30.000,- € stecken, und nochmals zusätzlich 10.000,- €, die durch den höheren Verkaufspreis (40.000,- € zu 30.000,- €) erzielt werden. Ihre Provision würde nun 5 % von 20.000,- € also 1.000,- € betragen. Zugebenermaßen ein einfaches Beispiel, aber durch solche Konstellationen können Lösungen wie die oben beschriebene Lösung 3 entstehen.

Fazit: Denken Sie, wenn Sie einmal in Zweifel kommen, zuvorderst an das Wohl Ihres Kunden. Langfristig wird sich die Sache für Sie auszahlen. Sie bekommen „Ruhe" in Ihre Kundschaft, Ihre Vorgehensweise ist geradliniger und konsistenter, Sie haben weniger Arbeit und Gewissensstress und können befreiter agieren – das steigert Ihre Produktivität und Sie erzielen langfristig mehr Abschlüsse und dadurch auch mehr Provision.

3.5 Vom Umgang mit Hindernissen und wie Sie der Sache Herr werden

Niemand mag es, ob beruflich oder privat, wenn sich Hindernisse in den Weg stellen. Sie führen zu einer ungewollten Unterbrechung unserer Arbeit, behindern bisweilen das Fortkommen in einer Aufgabe, können schlimmstenfalls Schäden verursachen. Hindernisse können Wut hervorrufen, sich negativ auf die eigene Motivation auswirken, kurz: sie können nerven. Wir wünschen uns eine Welt ohne Hindernisse. Das bleibt leider eine Utopie, denn gerade im Vertrieb zählen Hindernisse im Tagesgeschäft zu den Klassikern, um Erklärungen dafür zu liefern, weshalb der Verkaufserfolg ausbleibt. Hierbei muss man jedoch sehr genau unterscheiden. Ganz sicher gibt es Hindernisse, die einschränken und aus dem Weg geräumt werden müssen, damit das Geschäft nicht darunter leidet. Aber eine große Menge sogenannter Hindernisse sind bei genauer Betrachtung gar keine Hindernisse, sondern werden als Vorwand genutzt, um etwas zu überdecken. Hindernisse haben aber auch etwas mit der persönlichen Einstellung zu tun. Es kommt darauf an, mit welcher Erwartungshaltung und Einstellung ich an mein Tagwerk gehe. Nehme ich an, dass die Dinge ungünstig laufen werden, dann nehme ich ungünstig erscheinende Umstände gezielter und bewusster wahr. Denken Sie an die Ausführungen zum

Prinzip der Konsistenz: Wenn Sie meinen, dass die Dinge so sind, wenn Sie zutiefst davon überzeugt sind, dann wird Ihr Unterbewusstsein die Beweisführung konstruieren und überzeugende Beispiele in Ihr Bewusstsein rücken. Die selektive Wahrnehmung bestätigt Ihre Überzeugungen.

▶ **Praxistipp** Stellen Sie sich der Realität und bedenken Sie:
- Hindernisse zählen zum Alltag des Menschen, beruflich wie privat.
- Nicht alles, was vorschnell als Hindernis eingestuft werden kann, stellt sich bei genauer Betrachtung auch als Hindernis heraus.
- Manchmal ist die Bewältigung eines Hindernisses in kurzer Zeit erledigt, in viel kürzerer Zeit, als Sie womöglich darauf verwenden müssten, um darüber nachzudenken und sich mit Kollegen auszutauschen.
- Nahezu kein Hindernis entsteht „extra" deshalb, um Sie an Ihrer Arbeit zu hindern.
- Nehmen Sie Hindernisse auf keinen Fall persönlich.
- Rechnen Sie bei Ihrer Tagesarbeit mit Hindernissen, gehen Sie davon aus, dass sie sich Ihnen in den Weg stellen werden – sie gehören zum Alltag.
- Versuchen Sie bei auftretenden Hindernissen die Hintergründe zu verstehen.
- Nehmen Sie eine konstruktive Haltung ein: Denken Sie darüber nach, wie das Hindernis abgestellt werden könnte, und unterbreiten Sie Vorschläge, wie man es in Zukunft besser machen könnte.
- Halten Sie sich nicht zu lange mit Hindernissen auf, die Sie oder das Unternehmen nicht verändern kann – lernen Sie, sie als Rahmenbedingung zu akzeptieren.

Nachfolgend stelle ich Ihnen einige Beispiele – Klassiker der Hindernisse im Tagesgeschäft – vor.

3.5.1 Administration – welches Formular denn noch?

Die Administration im Vertrieb zählt zweifelsfrei zu den Klassikern der Hindernisse in der Vertriebspraxis. Zur Administration zählt die Anfertigung von Angeboten – wer wünscht sich nicht, dass dies im Zeitalter der Elektronik doch eigentlich automatisch von selbst gehen müsste? Die Erstellung notwendiger Begleitunterlagen, nachdem ein Auftrag erteilt, ein Vertrag unterschrieben worden ist, die Pflege des CRM-Systems, die Eintragung von Besuchsberichten, die Anfertigung des Forecasts, die Begleitung der Auslieferung usw., die Liste ist lang. Immer wieder ist die Administration Gegenstand hitziger Diskussionen, vor allem, wenn die Ergebnisse noch nicht so sind, wie sie sein sollten. „Wie soll ich denn Aufträge akquirieren, wenn ich durch die Administration daran gehindert werden, Kundenbesuche durchzuführen?" So oder so ähnlich wird argumentiert. Wenn wir uns diesem Umstand aber einmal in Ruhe nähern, werden Sie feststellen, dass erstens die Begleitformulare schlichtweg notwendig sind, um die Arbeitsabläufe und -prozesse sicherzustellen letztlich eine reibungslose Auslieferung auf den Weg zu bringen. Zweitens kommen viele mit der Administration gut zurecht. Sie haben sich darauf eingestellt, eine gute Beziehung zum Innendienst aufgebaut, sich Merkzettel bzw. Checklisten hergestellt und sich mental von diesem Hindernis befreit. Ein besonderes Phänomen wird dabei ebenfalls immer wieder deutlich. In der Regel zählen besonders erfolgreiche Verkäufer nicht zur Gruppe der Diskutanten, wenn es um die Administration geht – was nicht bedeutet, dass sie die Administration auch gleichzeitig am besten im Griff haben –, aber diese Gruppe lässt offensichtlich dieses Hindernis nicht nahe an sich heran, sie sieht es weniger als Behinderung an.

3.5.2 Schnittstellenmanagement – es dauert und dauert

„Das ist ja wieder einmal total typisch: Wenn es mal schnell gehen muss, dann dauert es, dabei hängt doch mein Geschäft davon ab." So oder so ähnlich könnte sich eine Klage einer Vertriebsmitarbeiterin anhören, wenn sie dringend Informationen z. B. vom Vertriebsinnendienst benötigt, um ihrerseits das Angebot, das heute noch rausgehen soll, fertigstellen zu können. Bei Ihrer täglichen Arbeit haben Sie es innerhalb des Unternehmens mit einer Vielzahl von verschiedenen Unternehmensbereichen zu tun. Dazu zählen der Servicebereich, die Marketingabteilung, Finanz- und Vertragsmanagement, Innendienst und Trainingsabteilung usw. Mit diesen Abteilungen arbeiten Sie zusammen, Sie tauschen Informationen aus und verabreden die Erledigung von Aufgaben. Manche Aufgaben müssen, da sie für Ihren Arbeitsablauf von großer Bedeutung sind, möglichst zeitnah, am besten sofort erledigt werden. Das gilt umgekehrt natürlich auch. Sie fordern etwas, aber auch von Ihnen wird etwas gefordert. In der Vertriebspraxis führt die Zusammenarbeit manchmal zu Konflikten und Verärgerung. Vertriebsmitarbeiter klagen hin und wieder über die als zu langsam empfundene Erledigung. Manche nehmen dies persönlich oder meinen, dass es an der Qualifikation der mit der Erledigung beauftragten Person läge. Eine erste E-Mail wird formuliert, die Gegenreaktion lässt nicht lange auf sich warten, der Verteilerkreis wird erweitert. Wie das dann ausgehen kann, überlasse ich Ihrer Phantasie, wahrscheinlich wird das Ergebnis eher ungünstig sein. Im schlimmsten Fall haben sich Fronten verhärtet, was sich negativ auf die zukünftige Zusammenarbeit auswirken kann. Aus diesem Grund ein Tipp: Wehret den Anfängen.

▶ **Praxistipp**
- Gehen Sie gelassen mit der eingetretenen Situation um.
- Greifen Sie zunächst zum Telefon oder versuchen Sie möglichst persönlich mit Ihrem Kollegen zu klären, woran es liegt.
- Zeigen Sie Verständnis für die Situation, machen Sie aber auch deutlich, weshalb es für Sie so wichtig ist, dass die Aufgabe erledigt, die Information zur Verfügung gestellt wird.
- Vereinbaren Sie einen neuen Termin, der machbar ist.
- Schalten Sie nur in den Fällen eines sich verhärtenden Konflikts Ihren Vorgesetzen ein.
- Kooperation ist immer besser als Konfrontation – auch wenn es manchmal schwer fällt.
- Nehmen Sie es nicht persönlich; versuchen Sie, sich in die Lage des anderen zu versetzen.

3.5.3 Die Rahmenbedingungen – die anderen haben es besser

Im Laufe der Zeit, vor allem, wenn man das eine oder andere Mal gegen einen Mitbewerber den Kürzeren gezogen hat, besteht grundsätzlich die Gefahr, dass der Vertriebsmitarbeiter beginnt, an der Leistungsfähigkeit des eigenen Unternehmens zu zweifeln. Er sucht nach Erklärungen für das zeitweilige Scheitern bzw. die Schwierigkeiten des Tagesgeschäftes. Er sucht unter Ausblendung der eigenen Verhaltensweisen sogenannte Rahmenbedingungen, die er als ursächlich für die Situation verantwortlich macht. Dazu zählen vermeintliche Produktschwächen, Serviceprobleme, ungünstige Preisstellungen, Begrenzungen bei der Vertragsgestaltung, angeblich restriktive Sonderkonditionengenehmigungen ... – die Liste könnte fortgesetzt werden. Diese Schwächen werden gleichzeitig dem Wettbewerb als Stärken zugeschrieben, mit anderen Worten: Der Wettbewerb hat es insgesamt leichter. Dort scheint es diese Probleme nicht zu geben. Nun erklärt sich, weshalb das Wettbewerbsunternehmen gewinnt.

Es besteht nunmehr ein weiteres Risiko, nämlich, dass sich der betroffene Vertriebsmitarbeiter zu stark von seinen Überzeugungen beeindrucken lässt, so dass diese Überzeugungen sehr viel Raum gewinnen und den Vertriebsmitarbeiter negativ beeinflussen. Das kann einen Teufelskreis in Gang setzen. Der Vertriebsmitarbeiter wird unsicher, zweifelt an der Stärke des eigenen Unternehmens und glaubt womöglich nicht mehr daran, aus dem Wettbewerb als Sieger hervorzugehen. Auch die Kunden spüren die Unsicherheit, auch sie beginnen zu zweifeln. An dieser Stelle merken Sie, welchen ungünstigen Verlauf dieser Prozess nehmen kann.

Tatsächlich stellt sich der Zusammenhang jedoch folgendermaßen dar: Die Beschäftigung mit Rahmenbedingungen ist mehr oder weniger in jeder Verkaufsorganisation anzutreffen. Das heißt, dass ein Unternehmen, das ausschließlich über günstige Rahmenbedingungen verfügt, eine Utopie ist. Vertriebsmitarbeiter, die aufgrund der eigenen ungünstigen Rahmenbedingungen einmal den Wechsel zu einem anderen Unternehmen vorgenommen haben, in der Hoffnung, dass dann dort alles besser (womöglich einfacher) sein wird, stellen dies oft nach kurzer Zeit fest. In jeder Organisation gibt es günstige und ungünstige Bedingungen. Je schneller dies von einem Vertriebsmitarbeiter nachvollzogen wird, desto größer ist seine Chance, mit diesem Phänomen umgehen zu lernen.

In jedem Unternehmen herrschen günstige und ungünstige Rahmenbedingungen. Die Tatsache, dass einige dieser Probleme als Klassiker in der Literatur und Tagespraxis anzutreffen sind, lässt darauf schließen, dass die Schnittmenge der Rahmenbedingungen, also jenige Menge, die in jedem Unternehmen als ungünstig eingestuft wird, erheblich ist. Diesen Zusammenhang illustriert die nachstehende Abb. 3.2.

3.5 Vom Umgang mit Hindernissen und wie Sie der Sache Herr werden

Abb. 3.2 Schnittmengen deckungsgleicher Rahmenbedingungen von Unternehmen

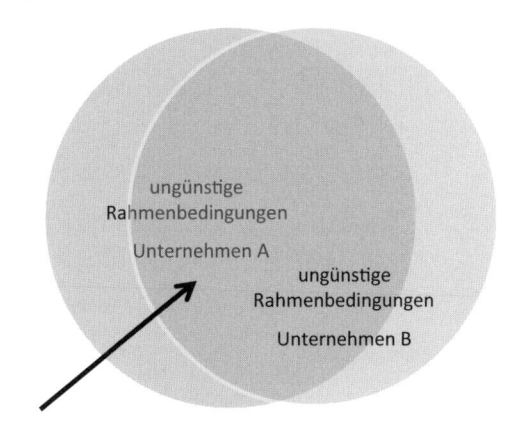

ungünstige Rahmenbedingungen Unternehmen A

ungünstige Rahmenbedingungen Unternehmen B

Relativ große Schnittmenge deckungsgleicher Bedingungen

▶ **Praxistipp**
- Listen Sie auf, welche Rahmenbedingungen in Ihrem Unternehmen günstig sind.
- Welche dieser günstigen Bedingungen sind für Ihre Kunden von Nutzen? Übersetzen Sie diese Bedingungen in konkrete Kundennutzen und notieren Sie sich diese.
- Prüfen Sie, welche der ungünstigen Bedingungen durch Sie verändert werden können. Finden Sie Strategien, um mit diesen Bedingungen umgehen zu können, machen Sie konstruktive Verbesserungsvorschläge.
- Akzeptieren Sie die ungünstigen Bedingungen, die Sie nicht ändern können.
- Nehmen Sie die Tatsache zur Kenntnis, dass es in jedem Unternehmen ungünstige und günstige Rahmenbedingungen gibt.
- Rahmenbedingungen spielen eine erhebliche Rolle bei der Gestaltung von zukünftigem Erfolg – eine ebenso erhebliche Rolle spielt Ihr eigenes Verhalten.

Fazit: Richten Sie Ihre Aufmerksamkeit auf Ihr eigenes, erfolgversprechendes Verhalten und nutzen Sie die günstigen Rahmenbedingungen, die Sie umgeben. Ein Vertriebsmitarbeiter, dem es gelingt, sich auf seine Stärken zu konzentrieren und diese in nutzenstiftendes Verhalten zu übertragen, und der dabei die günstigen Rahmenbedingungen des Unternehmens vor Augen hat, hat deutlich bessere Chancen auf den Erfolg, als diejenigen Vertriebsmitarbeiter, bei denen die ungünstigen Rahmenbedingungen im Vordergrund stehen und den Rest überlagern.

3.5.4 Negative Beeinflussungen – wie erkenne ich sie und wie kann ich ihnen widerstehen?

> **Praxisbeispiel**
>
> Stellen Sie sich folgende Situation vor: Sie stehen morgens auf, schauen aus dem Fenster, die Sonne scheint, Sie haben gut geschlafen, jetzt gut gefrühstückt und fahren gut gelaunt und voller Tatendrang ins Büro. „Das wird ein guter Tag, heute werde ich sofort mit der Neukundenakquisition starten." Gegen 7.50 Uhr erreichen Sie Ihr Unternehmen und marschieren geradewegs auf Ihr Büro zu. Beim Betreten des Büros treffen Sie auf zwei Kollegen, die angeregt in eine Diskussion vertieft sind. Als die beiden Kollegen Sie erblicken, rufen sie Ihnen zu: „Hast Du mal einen Moment Zeit? Hast Du auch davon gehört, dass das neue Provisionssystem Kürzungen von mehr als 20 % vorsieht? Das gibt es doch gar nicht! Wie findest Du das?" Plötzlich finden Sie sich mitten in einer Diskussion über die negativen Entwicklungen des Provisionssystems wieder. Aus Kollegialität diskutieren Sie munter mit, und Sie alle finden gemeinsam immer mehr negative Auswirkungen der neuen Entwicklung. Die Laune sinkt allseits ab. Gegen 8.30 Uhr findet die Diskussion ein Ende, da einer der Kollegen in eine Besprechung muss. Sie gehen nun zu Ihrem Schreibtisch, mit den Gedanken sind Sie allerdings immer noch bei der unschönen Entwicklung in Sachen Verschlechterung des Provisionssystems. Zu diesem Zeitpunkt gibt es jedoch noch keine offizielle Bekanntmachung darüber – lediglich Gerüchte. Die von Ihnen ins Visier genommenen Akquisitionstelefonate laufen nun eher schleppend, insgesamt ist Ihre Stimmung gedrückt. Die Stunden verstreichen. Am Nachmittag erreicht Sie eine E-Mail vom Vertriebsdirektor, die sich an die Vertriebsmannschaft richtet. Es geht um die Modifikation und notwendige Anpassung des Provisionssystems. Schnell wird klar, dass die Modifikation Kürzungen, aber auch Steigerungen vorsieht, in Summe ist das neue System sogar günstiger als das aktuelle. Die Auswirkungen des neuen Systems ist mit einigen nachvollziehbaren Rechenbeispielen hinterlegt, die das Ge-

3.5 Vom Umgang mit Hindernissen und wie Sie der Sache Herr werden 95

schriebene unter Beweis stellen. Für die Vertriebsmitarbeiter bedeutet es lediglich eine veränderte Ausrichtung der Tätigkeit auf in Zukunft Erfolg versprechende Geschäftsmöglichkeiten – also eine geringfügige Veränderung. Spätestens jetzt sind Sie sauer; nicht nur, dass Ihnen die Gerüchtediskussion den Tag verhagelt hat, sondern jetzt stellt sich auch noch heraus, dass alles ganz anders ist und die Gerüchte nicht bestätigt worden sind. Sie schämen sich etwas und verlassen gegen Abend etwas frustriert Ihr Büro – mit zu wenig vereinbarten neuen Terminen.

Diese exemplarische Geschichte ist ein Beispiel für negative Beeinflussungen. Jeder Mitarbeiter in einem Unternehmen ist jeden Tag der Gefahr ausgesetzt, von negativen Einflüssen ausgebremst und frustriert zu werden. Ganz besonders tückisch dabei sind Gerüchte. Weshalb Vertriebsmitarbeiter sich immer wieder angeregt mit Gerüchten auseinandersetzen und dabei billigend in Kauf nehmen, sich selbst, ihre Leistungsbereitschaft und -fähigkeit zu reduzieren, ist schwer zu erklären. Es könnte damit zusammenhängen, dass Menschen generell eine Neigung haben, sich mit möglichen negativen Entwicklungen zu beschäftigen, um sich darauf einstellen zu können. Es könnte aber auch sein, dass es bequemer ist, sich 30 Minuten mit Gerüchten zu befassen und Kollegen zur Bestätigung mit einzubeziehen, als zu akquirieren. Zugegebenermaßen eine drastische Erklärung. Tatsache allerdings ist, dass derartige Vorfälle negative Einflüsse haben, denn selbst für den Fall, dass sich Bedingungen ändern sollten, ist es immer besser, einen erfolgreichen Vertriebstag zu verbringen, als sich von schlechter Stimmung anstecken zu lassen. „Veränderung plus positive persönliche Disposition" bringt mehr Ergebnis als „Veränderung plus negative persönliche Disposition".

Was sind nun die typischen Erkennungszeichen für negative Beeinflussungen?

Regel 1: Es gibt keine Beweise für die Gerüchte.
Regel 2: Es ist kein Ziel der Beeinflussung erkennbar.
Regel 3: Die Umstände sind nicht konstruktiv – sie zeigen keine Lösungsperspektive auf.
Regel 4: Ihre Stimmung verschlechtert sich plötzlich.
Regel 5: Sie wollen sich solidarisch erweisen, haben aber eigentlich keine Zeit dafür.
Regel 6: Sie werden plötzlich von Ihrer Arbeit abgelenkt.

Wie kann ich diesen negativen Beeinflussungen widerstehen?

Regel 1: Verlassen Sie das Büro und besuchen Sie einen Kunden.
Regel 2: Sprechen Sie Ihren Vorgesetzten an und bitten ihn um Aufklärung.
Regel 3: Machen Sie nicht mit – verweigern Sie sich.
Regel 4: Negative Beeinflusser verdienen keine Solidarität – brechen Sie das Gespräch freundlich ab und verfolgen Sie Ihre eigenen Vorhaben.

Fazit: In negativen Beeinflussungen steckt niemals etwas Gutes – sie sind nur lästig und hinderlich. Sie helfen niemandem, da sie nicht konstruktiv sind. Es werden auch keine Lösungen aufgezeigt. Vermeiden Sie es, sich solchen Situationen auszusetzen.

3.5.5 Probleme mit Kollegen – wie gehe ich damit um?

Als Vertriebsmitarbeiter sind Sie in der Regel Mitglied eines Verkaufsteams mit einem gemeinsamen Vorgesetzten, dem Vertriebsleiter. In diesem Team sind Sie jedoch zumeist – außer bei Anwendung des Team-Selling-Verfahrens – auf sich selbst gestellt. Die Unterstützung im Tagesgeschäft durch

- Training,
- Coaching,
- Mentor-Unterstützung
- und ähnliches

muss organisiert werden – sie geschieht nicht alleine aufgrund der Tatsache, dass Sie ein Team-Mitglied sind. Auch sind die Team-Mitglieder nicht zwingend aufeinander angewiesen, im Zweifel ist jeder auf seine Rechnung tätig. Dennoch ist ein gutes, konstruktives Arbeitsklima in einem Verkaufsteam für alle Mitglieder und die Führungskraft überaus nützlich, denn es fördert

- das Zusammengehörigkeitsgefühl,
- die Arbeitsmotivation,
- den „Team-Spirit", um sich im Wettstreit mit anderen Teams besser in Position zu bringen, und
- die persönliche Verfassung des einzelnen – es lässt sich besser arbeiten.

3.5 Vom Umgang mit Hindernissen und wie Sie der Sache Herr werden

Zur Aufgabenerfüllung wird Ihnen die Verantwortung für einen Verkaufsbezirk übertragen. Das darin enthaltene Verkaufspotenzial stellt Ihre Einkommensquelle dar, sofern für Vertragsabschlüsse und/oder mit Kunden und Interessenten entsprechende Provisionen oder Boni ausbezahlt werden. Immer wieder stattfindenden Veränderungen im Tagesgeschäft durch

- Ein- und Ausstieg von Teammitgliedern,
- Änderungen der Vertriebsstruktur,
- gewünschte Veränderungen in der Potenzialbearbeitung,
- Wechsel der Verkaufsleitung,
- neue Produkte und Dienstleistungen durch Innovationen oder
- Veränderung der Wettbewerbsstruktur

sind innerhalb des Vertriebsteams nicht ungewöhnlich, ganz im Gegenteil, sie gehören dazu. Das führt in der Regel auch zu Veränderungen in der Potenzialzuordnung. An dieser Stelle tritt häufig eine Hauptstörung auf, der wir uns etwas ausführlicher widmen wollen (auf den generellen Umgang mit Problemen zwischen Kollegen gehen wir weiter unten ein). Die Teammitglieder beginnen darüber zu streiten, wem das Potenzial eigentlich gehört, warum es nicht sinnvoll sei, gerade jetzt einen Wechsel in der Zuordnung durchzuführen – es gibt eine lange Liste von Argumenten. Die Schwierigkeit für die betroffenen Teammitglieder besteht darin, dass es fast unmöglich ist, den Konflikt auf Vertriebsmitarbeiterebene zu lösen, da jeder das Interesse hat, sein Potenzial zu behalten, das seine Einkommensquelle darstellt. Diesen speziellen Konflikt kann nur das Vertriebsmanagement auflösen. Es muss konsequent und fair die Veränderungen beschließen und darauf achten, dass diese dann auch schnell und für die Betroffenen transparent umgesetzt werden. Für Verkaufszyklen, die kurz vor einem möglichen Abschluss stehen, ist es praktikabel, wenn eine Übergangs- oder Schutzfrist eingeräumt wird.

Es ist menschlich, dass es aufgrund verschiedener Umstände zu Problemen zwischen einzelnen Kollegen kommen kann. Ursachen könnten unterschiedliche Auffassungen zur Vorgehensweise, Konkurrenzverhalten, Neid auf den Erfolg, Missachtung der Kommunikationsregeln u. v. m. sein. Bei auftretenden Störungen empfehlen sich nachstehende Schritte:

- Suchen Sie das Gespräch – machen Sie den ersten Schritt.
- Suchen Sie sich einen Ort, einen Meeting-Raum, wo Sie ungestört miteinander sprechen können.
- Sprechen Sie das Problem direkt und offen an, lassen Sie nichts unausgesprochen, schildern Sie Ihre Gefühlslage.
- Lassen Sie Ihrem Kollegen Zeit, zu Ihren Äußerungen Stellung zu beziehen und darauf zu antworten; hören Sie einander zu.
- Gehen Sie respektvoll miteinander um, lassen Sie sich gegenseitig aussprechen; beherzigen Sie die Feedbackregeln.
- Suchen Sie gemeinsam nach praktischen Möglichkeiten, um den Konflikt in Zukunft beizulegen. Worauf werden Sie achten, was werden Sie tun?
- Gehen Sie mit einer Einigung, einer Übereinstimmung auseinander.

Wenn Sie obige Schritte gehen und die damit in Zusammenhang stehenden Verhaltensregeln beachten, dann ist die Wahrscheinlichkeit sehr hoch, dass Sie die meisten Probleme mit Ihren Kollegen beilegen können. Sollte der Konflikt nicht beigelegt werden können, so prüfen Sie, ob Sie Ihren Vorgesetzten einschalten.

3.5.6 Probleme mit Vorgesetzen – wie gehe ich vor?

Die Beziehung zwischen einem Vertriebschef und seinem Verkaufsteam ist eine besondere, da in der Regel die Erfolge der einzelnen Teammitglieder auch gleichzeitig den Erfolg des Vertriebschefs darstellen. Neben den qualitativen Aufgaben, die eine Vertriebsführungskraft zu leisten hat, wie z. B.

- Herein- und Herausnahme von Vertriebsmitarbeitern,
- Ausbildung und Weiterentwicklung einzelner Vertriebsmitarbeiter,
- Maßnahmenentwicklung zur Verbesserung des Verhaltens der Vertriebsmitarbeiter,
- Zuordnung von Verkaufspotenzialen,
- richtiger Einsatz von Vertriebsmitarbeitern – ihrem Profil entsprechend,
- Führen von Mitarbeitergesprächen, Vereinbaren von Zielen und Maßnahmen sowie die Überprüfung des Fortschritts,
- angemessenes Lob und Anerkennung von Einzel- und Teamleistungen,

3.5 Vom Umgang mit Hindernissen und wie Sie der Sache Herr werden 99

nimmt die Unterstützung im Verkauf großen Raum ein – oder sollte es zumindest. Auf der Grundlage von quantitativen Zielen, wie Umsatz-, Deckungsbeitrags- oder Stückzahlzielen sind der einzelne Vertriebsmitarbeiter, das Verkaufsteam und die für das Team verantwortliche Führungskraft direkt messbar. Man kann deshalb sagen, dass der Vertriebschef und der Vertriebsmitarbeiter im gleichen Boot sitzen. Der Erfolg des Vertriebsmitarbeiters und seiner Führungskraft kommt beiden gleichermaßen zugute. Dies ist eine sehr gute Ausgangslage, die prinzipiell nur wenig Nährboden für Konflikte bildet. Wo liegen nun typische Ursachen für Störungen zwischen Führungskraft und Vertriebsmitarbeiter? Nachfolgend stelle ich Ihnen fünf typische Störursachen vor und Ideen, wie Sie mit diesen Störungen umgehen können.

Ursache 1: Die negative Beurteilung des Potenzials durch den Junior-Vertriebsmitarbeiter Gerade jüngere Vertriebsmitarbeiter tappen bisweilen in die Potenzialfalle. Sie meinen, schon nach kurzer Zeit bereits ihre Potenziale, vor allem die Möglichkeiten, Verträge in einem gewissen Zeitraum zu generieren, einschätzen zu können. Sie zetteln bisweilen Diskussionen mit ihren Vertriebskollegen an, um sich ihre Annahmen bestätigen zu lassen. Einmal in dieser Falle, wird es schwierig bis unmöglich, dort wieder herauszukommen. Wenn der Vertriebsmitarbeiter erst einmal davon überzeugt ist, zu wenig Potenzial zu haben, dann sucht er förmlich die Bestätigung dafür. Dahinter liegt meistens die Angst junger Vertriebsmitarbeiter, die zunächst sehr hoch erscheinenden Anforderungen nicht erfüllen, die Ziele nicht erreichen zu können. Sozusagen in vorausschauender Vorsicht wird das Potenzial herangezogen. Dieses Verhalten provoziert geradezu Störungen, denn der Profi weiß, dass ein junger Vertriebsmitarbeiter aufgrund mangelnder Erfahrungen und ohne, dass er das Potenzial schon vollständig aufgearbeitet hat, gar nicht in der Lage ist, sein Potenzial zu beurteilen. Ständige Diskussionen des Juniors mit dem Chef sind anstrengend und bringen keinen Fortschritt. Ein solches Verhalten ist wenig konstruktiv, nicht lösungsorientiert und häufig einfach falsch. Beherzigen Sie statt dessen die folgenden Tipps:

Vertrauen Sie zunächst darauf, dass Ihnen Ihre Führungskraft ausreichend Potenzial zur Bearbeitung zugeordnet hat. Denken Sie an den Grundsatz, dass Sie mit Ihrer Führungskraft im gleichen Boot sitzen. Geben Sie der Zuordnung ausreichend Zeit und bearbeiten Sie die Potenziale systematisch. Bedenken Sie dabei: Potenzialaufarbeitung ist bisweilen zäh und Sie benötigen einen langen

Atem. Lassen Sie sich durch die Erfolge, die während Ihrer Potenzialaufarbeitung durch Ihre Vertriebskollegen generiert werden, nicht aus der Ruhe bringen.

Ursache 2: Unterschiedliche Auffassungen über die „richtige" Vorgehensweise Vertriebsführungskräfte verfügen in der Regel über einschlägige Verkaufserfahrungen, Sie als Anfänger hingegen noch nicht, sind aber – hoffentlich – überzeugt davon zu wissen, was richtig oder falsch ist. Wie wir im Abschnitt „Team-Selling" erörtern werden, gibt es nicht nur einen richtigen Weg – durch die unterschiedlichen Charaktere und somit unterschiedlichen Verkaufsstile haben sich eine Vielzahl von Vorgehensweisen herausgebildet, die jedoch die richtigen Prinzipien, Methoden und Vorgehensweisen berücksichtigen. Eindeutig falsche Verkaufsansätze schließen wir bei unseren Erörterungen aus.

> **Praxisbeispiel**
>
> Nehmen wir Folgendes an: Ein „Junior" trifft auf seinen Verkaufsleiter, einen „Alten Hasen", und erhält von ihm einen Tipp, eine Anregung, wie nun ein bestimmter Schritt gegangen werden sollte. Der Junior denkt, „Das haben wir im Training aber anders gelernt", und spricht seine Führungskraft darauf an. Die Steigerung wäre, dass der Vertriebs-Junior, eine Persönlichkeit mit ausgeprägtem Selbstbewusstsein, versucht, seinen Verkaufsleiter von Richtigkeit seines aktuellen Wissens zu überzeugen. Schließlich ist es ja schon einige Jahre her, seitdem der Vertriebschef selber als Verkäufer tätig war.
>
> ▶ **Mein Tipp** Lassen Sie das sein. Das könnte zu Störungen ersten Ranges führen. Bedenken Sie: Auch Trainer können sich irren, und es gibt viele Wege, die zum Ziel führen, sofern sie die richtigen Prinzipien, Methoden und Vorgehensweisen mit einbeziehen. Ihr Vorgesetzter wählt einen Weg und startet mit seiner Ausbildung – Sie können davon ausgehen, dass er weiß, was er tut.

Um solche Probleme zu vermeiden, gilt wie bei Ursache 1: Vertrauen Sie Ihrer Vertriebsführungskraft und nehmen Sie Ratschläge und Tipps zur Vorgehensweise an. Setzen Sie diese um. Je mehr Erfahrungen Sie sammeln, desto näher rückt der Zeitpunkt, an dem Sie beginnen werden, bewusst oder unbewusst

3.5 Vom Umgang mit Hindernissen und wie Sie der Sache Herr werden

Ihren eigenen Verkaufsstil auszuformen. Spätestens dann werden Sie ohnehin einen Weg oder Wege herausgebildet haben, die zu Ihnen passen, also authentisch und individuell sind. Dann ist es auch sehr wahrscheinlich, dass Ihr Weg etwas von dem Ihres Vorgesetzten abweicht. Das stellt dann aber keine Störung mehr da, sondern im Gegenteil: Ihr Vorgesetzter wird sich mit Ihnen über das Erreichte freuen und Ihren Weg respektieren.

Ursache 3: Unterschiedliche Vorstellungen zur Leistungsbereitschaft Wie in anderen Lebensbereichen auch, treffen Sie im Vertrieb auf Menschen, die Sie in zwei Gruppen gliedern können. Gruppe 1 besteht aus den Mitgliedern, die nach dem „Minimal-Prinzip" arbeiten. Diese Menschen überlegen sich: Wie kann ich ein gegebenes Ziel, z. B. das Jahresverkaufsziel, mit einem möglichst geringen Mitteleinsatz erreichen? Gruppe 2 besteht aus Mitgliedern, die nach dem „Maximal-Prinzip" arbeiten. Diese überlegen sich, wie sie aus den gegebenen Mitteln wie Arbeitszeit und sonstigen Rahmenbedingungen möglichst viel herausholen; das Jahresziel stellt dabei lediglich eine Orientierung dar – sie machen so viel, wie möglich ist. Diese beiden Typen stehen im Konflikt zueinander – der nach dem Minimal-Prinzip arbeitende Mensch könnte über den anderen sagen, er sei ein Arbeitstier und ruiniere seine Gesundheit, der nach dem Maximal-Prinzip Arbeitende könnte bemerken, der andere sei faul und verschenke Chancen. Nun ergeben sich verschiedene günstige und ungünstige, Störungen provozierende Konstellationen.

- Konstellation 1: Die Vertriebsführungskraft arbeitet nach dem Minimal-Prinzip, der Vertriebsmitarbeiter nach dem Maximal-Prinzip. Bei dieser Konstellation sind Probleme nicht sehr wahrscheinlich, denn die Vertriebsführungskraft könnte denken: Das ist ein fleißiger Mitarbeiter, das gefällt mir. Er lässt keine Chance aus, ich muss darauf achten, dass er nicht zu viel arbeitet, doch besser so als anders herum.
- Konstellation 2: Die Vertriebsführungskraft arbeitet nach dem Minimal-Prinzip, der Vertriebsmitarbeiter ebenfalls nach dem Minimal-Prinzip. Hier ist die Wahrscheinlichkeit für Störungen ebenfalls gering, beide Persönlichkeiten sind sich ähnlich und passen zusammen. Hier müssen nur die Ergebnisse stimmen.
- Konstellation 3: Die Vertriebsführungskraft arbeitet nach dem Maximal-Prinzip, der Vertriebsmitarbeiter arbeitet nach dem Minimal-Prinzip. Hier sind Probleme sehr wahrscheinlich. Die Vertriebsführungskraft wird

	Führungskraft arbeitet nach dem	
	Minimal-Prinzip	Maximal-Prinzip
Minimal-Prinzip	geringe Störungswahrscheinlichkeit	hohe Störungswahrscheinlichkeit
Vertriebsmitarbeiter arbeitet nach dem Maximal-Prinzip	geringe Störungswahrscheinlichkeit	geringe Störungswahrscheinlichkeit

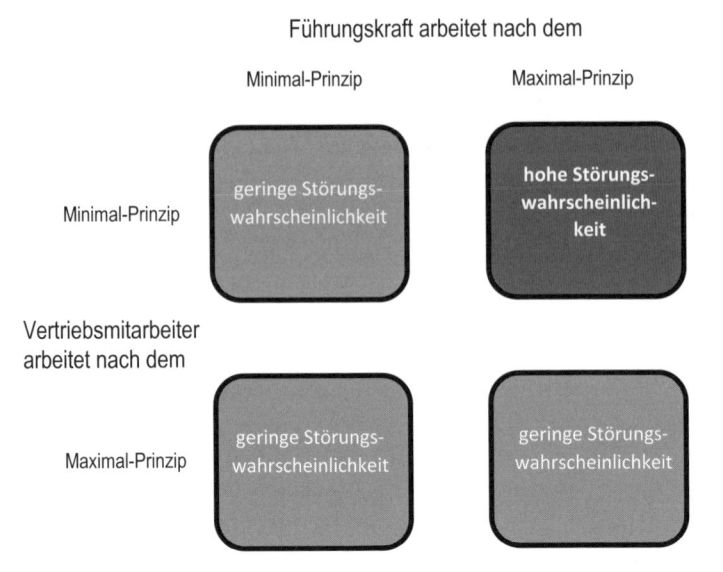

Abb. 3.3 Die vier Konstellationen sowie deren Konfliktwahrscheinlichkeit

höchstwahrscheinlich nicht gut damit zurechtkommen, dass der Vertriebsmitarbeiter aus der Sicht der Führungskraft immer wieder Chancen auslässt und seinen Mitteleinsatz optimiert. Diese Konstellation ist für beide, Vertriebsführungskraft und Mitarbeiter, sehr schwierig. Die Chance für beide liegt darin, dass sehr gute Verkaufsergebnisse erzielt werden. Das kann das Störungspotenzial eindämmen.

- Konstellation 4: Beide arbeiten nach dem Maximal-Prinzip. Das ist wie Konstellation 2 auch eine gute Situation. Beide ähneln sich in ihrer Einstellung zur Aufgabe und passen gut zusammen. Die Wahrscheinlichkeit für Störungen ist gering.

Kurz gesagt: Es gilt, das Konfliktpotenzial der Konstellation 3 zu beachten. In Abb. 3.3 sind die Konstellationen noch einmal übersichtlich dargestellt.

Wie wir oben analysiert haben, ist die Konstellation 3 heikel und konfliktgeladen. Aus diesem Grund ist es hilfreich, möglichst schnell herauszufinden, zu welcher Gruppe die Vertriebsführungskraft und zu welcher Gruppe Sie zählen. Werden Sie sich der Konstellation bewusst. Sollte es Konstellation 3 sein, dann

3.5 Vom Umgang mit Hindernissen und wie Sie der Sache Herr werden

suchen Sie nach Wegen, Störungen vorzubeugen – suchen Sie das Gespräch und klären Sie die Erwartungen. Aber nicht zu früh, nehmen Sie zunächst einmal Ihre Arbeit auf.

Ursache 4: Nicht deckungsgleiche Erwartungshaltungen Unausgesprochene und/oder unbekannte Erwartungshaltungen können eine Ursache für Störungen darstellen. Wie kann es dazu kommen, dass Erwartungshaltungen unausgesprochen oder unbekannt sind?

Nachfolgend dazu einige Beispiele:

- Die Hektik des Tagesgeschäftes, z. B. während der Jahresabschlussphase, lässt ein Gespräch über Erwartungen nicht zu.
- Es finden keine regelmäßigen Abstimmungsgespräche (z. B. einmal im Monat) statt, es existiert keine Meeting-Struktur.
- Vertriebsführungskraft und/oder Vertriebsmitarbeiter tun sich schwer, Erwartungen zu formulieren.

Ohne klar formulierte Erwartungshaltungen ist es schwer, Erwartungen zu erfüllen. Der Vertriebsmitarbeiter strukturiert sein Potenzial anhand einer Industrie- und Handelskammerliste, der Vertriebschef fragt sich „Wieso besucht er keine Kunden?" Im schlimmsten Fall arbeiten Menschen aneinander vorbei. Wenn so etwas mehrfach geschieht, dann kann je nach Toleranzgrenze früher oder später ein Problem auftreten. Es ist deshalb unbedingt notwendig, die gegenseitigen Erwartungshaltungen zu formulieren, am besten diese schriftlich festzuhalten, um zu einem späteren Zeitpunkt gemeinsam festzustellen, zu welchem Grad die Erwartungen erfüllt worden sind. Wenn Sie sich also als Vertriebsmitarbeiter darüber im Unklaren sind, was Ihre Führungskraft von Ihnen erwartet, dann bitten Sie sie um ein Gespräch und stellen Sie ihr die Frage nach den Erwartungen. Versuchen Sie im Gespräch zu erreichen, dass die Erwartungen möglichst konkret und genau formuliert werden (in den meisten Fällen geschieht dies ohnehin).

Ursache 5: Die Nichteinhaltung von gemeinsam verabschiedeten Maßnahmen Die meisten Menschen versuchen Störungen oder Konflikte zu vermeiden. Dennoch kommt es immer wieder vor, dass vereinbarte Maßnahmen und Aktionen von Vertriebsmitarbeitern nicht umgesetzt werden und dass

Vertriebsmitarbeiter es häufig verpassen, frühzeitig ihren Vorgesetzten darauf anzusprechen. Die häufigste Situation in diesem Zusammenhang ist die, dass auf Rückfrage der Vertriebsführungskraft nach dem Fortgang der Maßnahme der Mitarbeiter antwortet: „Oh, dazu bin ich ja noch gar nicht gekommen …". Wenn das mehrfach geschieht, ist die Störung da – und diese ist fundamentaler Natur, denn sie führt dazu, dass die Führungskraft beginnt, den Mitarbeiter negativ einzuordnen und ihn als unzuverlässig etikettiert. Das ist denkbar ungünstig für den betroffenen Mitarbeiter.

Wenn Sie in eine solche Situation geraten und feststellen, dass Sie eine Vereinbarung nicht eingehalten haben, dann suchen Sie das Gespräch und thematisieren Sie die Situation. Machen Sie deutlich, dass es sich um eine Ausnahme gehandelt hat, und achten Sie in Zukunft genau darauf, dass Sie Vereinbarungen einhalten werden – das ist die Grundlage einer vertrauensvollen Zusammenarbeit und die Basis für Ihre weiteren Karriereschritte!

3.6 Veränderungsbereitschaft – anfänglicher Widerstand ist normal

Wir Menschen neigen dazu, uns in einer komfortablen Situation einzurichten. Das vermittelt Sicherheit, eintretende zukünftige Ereignisse sind gut einschätzbar und immer mehr Arbeitsschritte können in Routine überführt werden. Es kommt so etwas wie Ruhe in den Arbeitsalltag, in einer solchen Situation hat man wenig zu befürchten. Das kann sich positiv auf die Arbeitsmotivation auswirken, in jedem Fall gibt es keinen Anlass zum Nachlassen der Motivation. In vielen Unternehmen und anderen Organisation konnte man in der Vergangenheit Bedingungen vorfinden, in denen das Streben nach Komfort zur beruflichen Realität wurde. Eingerichtete Prozesse, Abteilungsstrukturen, Hierarchien, Verkaufsprogramme, usw. zeichneten sich durch längerfristige Konstanz aus, was für den Komfort eine notwendige Grundlage darstellt. Die Notwendigkeit des Wandels, der Veränderung, war im Vergleich zur gegenwärtigen Situation nicht so oft gegeben. Wandel und Veränderung sind vordergründig der Feind des Komforts. Wandel und Veränderung bedeuten zunächst für jeden Betroffenen Unsicherheit. Sie werfen Fragen danach auf, welche Bedeutung sie für den Einzelnen haben werden: Was bringt es mir? Vor- der Nachteile? Ist mein Job in Gefahr? Kann ich das Neue bewältigen?

3.6 Veränderungsbereitschaft – anfänglicher Widerstand ist normal

Gegenwärtig kann, insbesondere in Wirtschaftsunternehmen, festgestellt werden, dass Veränderung und Wandel immer häufiger notwendig werden. Das Management und die Mitarbeiter werden immer öfter vor notwendige Veränderungen gestellt, die bewältigt werden müssen. Woran liegt das? Nachfolgend dazu einige Erklärungen und Ursachen:

- Die Wirtschaft ist dynamischer geworden, da steigende Transparenz durch immer schneller verfügbare Informationen den Wettbewerb verschärft.
- Die Kundenloyalität (Bindung zu Unternehmen) nimmt ab, Menschen werden selbstbewusster und der durchschnittliche Bildungsgrad nimmt zu. Auch hier ist der schnelle Zugang zu relevanten Entscheidungsinformationen ursächlich.
- Die Internationalisierung nimmt weiter zu, das heißt, die Märkte vergrößern sich, das Angebot nimmt zu, neue „bessere" Leistungsangebote werden schneller bekannt gemacht.
- Internationale Abhängigkeiten durch steigende Verzahnung werden größer – eine Krise im Financial District in Manhattan, New York, brachte die Weltwirtschaft ins Wanken.
- Innovationszeiträume verkürzen sich – es kommen mehr neue Produkte in immer kürzeren Abständen auf den Markt, und Unternehmen müssen deshalb schneller reagieren.
- Der steigende Konzentrationsprozess durch Unternehmenskäufe und -verkäufe zwingt Organisationen zum stetigen Umbau, der Schaffung neuer Strukturen, der Einführung neuer Systeme oder der Migration von Systemen; das wirkt sich auch auf die Arbeitsprozesse aus.
- Der Wertewandel, der Wissensanstieg durch aufklärende Medienangebote und Vergleichsportale und das Angebot neuer Verkaufsformen führen zu einer Veränderung des Kauf- und Nachfrageverhaltens – wer hätte es vor zehn Jahren gewagt, hochwertige Gebrauchsgüter in Online-Shops zu kaufen?

All diese Ursachen und noch einige mehr zwingen Unternehmen, sich immer schneller darauf einzustellen und zu agieren. Jedes Unternehmen muss auf den Wandel, die Notwendigkeit zur Veränderung, reagieren. Wie sieht nun der Wandel in einem Unternehmen praktisch aus? Nachfolgend einige Beispiele und Anmerkungen zur Bedeutung des Wandels für den Vertriebsbereich:

Strategiemodifikationen und Strategieänderungen In einem dynamischen Marktumfeld besteht die Hauptaufgabe von Management und Marketing eines Unternehmens darin, neue lohnende Geschäftsfelder auszumachen und die Organisation darauf auszurichten. Wie entwickeln sich die aktuellen Geschäftsfelder? Welche neuen Trends sind erkennbar? Welche Chancen bringen Produkt- und Dienstleistungsinnovationen mit sich? Wie entwickelt sich das Nachfrageverhalten? Was macht der Wettbewerb? Die Antworten auf diese Fragen führen in der Regel zu Strategiemodifikation oder anderen Veränderungen.

Was bedeutet dies für den Vertriebsbereich, für den einzelnen Vertriebsmitarbeiter?

- Er muss sich auf die Vermarktung von neuen Produkten und Dienstleistungen einstellen und sich mit ihnen auseinandersetzen.
- Er muss die neuen Produkte kennenlernen und sie im Wettbewerbsumfeld einordnen; Schulungen werden notwendig, es muss zunächst Zeit investiert werden.
- Er muss sich auf die Veränderung des Provisionssystems einstellen; neue Produkte werden höher dotiert als die vorhandenen Leistungen.
- Es muss analysiert werden, für welche Zielgruppe die neuen Leistungen interessant sein könnten; der Verkaufsplan muss überdacht und angepasst werden.
- Gegebenenfalls muss ein neuer Verkaufsansatz entwickelt, trainiert und in der Praxis geübt werden. Bis der neue Verkaufsansatz richtig greift und effektiv ist, wird Zeit vergehen.
- Das bisherige Verkaufspotenzial muss neu geordnet werden.

3.6.1 Restrukturierungen

Strategieänderungen führen in der Regel dazu, dass Organisationseinheiten (Abteilungen, Strukturen) der veränderten Unternehmensausrichtung angepasst werden müssen. Die betroffenen Unternehmensbereiche müssen sich einer Restrukturierung aussetzen. Das sind meistens signifikante Einschnitte im beruflichen Alltag, da dies auch oft Veränderungen der Aufgabeninhalte, den Wegfall von Jobs, Hierarchieveränderungen oder Veränderungen von ver-

3.6 Veränderungsbereitschaft – anfänglicher Widerstand ist normal   107

trauten Beziehungen mit sich bringt. Restrukturierungen lösen bei den Betroffenen oft Ängste und Unsicherheit aus.
Welche Restrukturierungen sind für den Vertriebsbereich denkbar?

- Die Verkaufsbezirksstruktur wird verändert – z. B. werden aus Geo-Bezirken Listenverkaufsbezirke.
- Die Vertriebsteamstruktur wird verändert – es werden neue Verkaufsteams zusammengesetzt. Kriterien könnten sein: Normalkunden- und Key-Account-Kundenteams oder Produkt A-, Produkt B- oder Produkte C-Teams, usw.
- Das Verkaufsmanagement wird neu geordnet – Erhöhung oder Verringerung der Verantwortungsspanne (Anzahl Mitarbeiter), vertikale oder horizontale Verantwortung, Linien- oder Matrixstruktur.

3.6.2 Umgang mit Veränderungen

Menschen, die von Veränderungen betroffen sind, reagieren in der Regel ähnlich, sie setzen der Veränderung Widerstand entgegen. In einem Prozess der Veränderung ist dies vollkommen normal und emotionaler Widerstand natürlich. Welche Gründe können dafür angeführt werden, dass Menschen zunächst so reagieren?

- Veränderungen führen zu einer Verunsicherung – verunsichert zu sein ist kein schönes Gefühl – ich setze mich zu Wehr – Widerstand eignet sich dafür.
- Veränderungen lösen Ängste aus: Was wird die Veränderung für mich mit sich bringen? Habe ich negative Folgen zu erwarten, z. B. ungünstigere Arbeitszeiten, eine Erhöhung der Belastung, weniger Einkommen, weniger Karrieremöglichkeiten, einen neuen Chef …?
- Veränderungen werden als Störung meiner gegenwärtig komfortablen Situation empfunden – die Störungen lasse ich ungerne an mich heran – sie lösen ebenfalls keine guten Gefühle aus.
- Veränderungen lenken mich ab – sie zwingen mich zur Auseinandersetzung mit ihnen – das bedeutet Aufwand und Krafteinsatz mit unsicherem Ausgang.

- Solange ich der Veränderung Widerstand entgegen setze, übernehme ich auch keine Verantwortung für die Mitgestaltung und Umsetzung, d. h. ich kann auch keine Fehler machen.
- Manche Veränderungen, das haben viele Mitarbeiter bereits erfahren oder davon gehört, waren dem Erfolg nicht dienlich, sie waren unnötig und haben nur Unruhe mit sich gebracht – wer sagt mir, dass es diesmal nicht wieder so ist?

Wie kann ich mit dem Widerstand umgehen, wie geht es dann weiter? Widerstand ist, das haben wir gelernt, vollkommen normal. In dieser Gefühlslage können nachfolgende Verhaltensweisen für den konstruktiven Umgang sehr nützlich sein:

- Lassen Sie das Gefühl zu, prüfen Sie, weshalb Sie Widerstand erzeugen und was Sie dabei konkret bewegt.
- Suchen Sie sich eine vertraute Person, mit der Sie über die Ursachen des Widerstandsgefühls sprechen können.
- Setzen Sie sich mit der Veränderung selbst auseinander – versuchen Sie, so viel Informationen wie möglich zu erhalten – machen Sie die Veränderung für sich einschätzbarer.
- Versuchen Sie herauszufinden, wo die Chancen, das Gute der Veränderung liegt. Wie können Sie zum Gelingen beitragen?
- Setzen Sie sich nicht der Gefahr aus, dass die Veränderung negativ besetzt wird und Sie fortan dadurch belastet werden.
- Entscheiden Sie, ob Sie mitmachen werden oder aufhören und einen Weg aus dem Unternehmen heraus suchen, aber entscheiden Sie.

Eine alte Weisheit besagt: „Es wird nichts so heiß gegessen, wie es gekocht wird". Viele notwendige und nicht abzuwendende Veränderungsprozesse stören lediglich für eine Weile die persönliche Komfortzone und verlangen den Mitarbeitern nur die Bereitschaft ab, mitzumachen, Neues hinzuzulernen und manche Dinge in Zukunft anders als gewohnt zu erledigen. Daran gewöhnt man sich in der Regel recht schnell; deshalb sollte man sich nicht zu lange mit dem inneren Widerstand aufhalten und unnütz Kraft investieren. Je schneller man den Blick auf die Chancen wirft, je schneller man sich mit der Veränderung vertraut macht, umso schneller ist sie überwunden und es stellt sich wieder Routine ein.

3.6.3 Wem gehört das Verkaufspotenzial?

In der Regel werden dem Vertriebsmitarbeiter seitens des Unternehmens bzw. der Vertriebsleitung Verkaufspotenziale zugeordnet. Oftmals ist ein Mix aus Kunden und Interessenten innerhalb geographischer Grenzen anzutreffen. Der Vertriebsmitarbeiter nimmt seine Arbeit auf und beginnt nun systematisch, den Verkaufsbezirk aufzuarbeiten. Er lernt die Ansprechpartner von Kunden und Interessenten persönlich kennen, stellt Beziehungsebenen her, schafft eine vertrauensvolle Atmosphäre und nach einiger Zeit stellen sich die ersten Vertragsabschlüsse ein. Wie wir bereits gelernt haben, verhandeln Menschen miteinander und nicht Unternehmen oder Institutionen. Der Vertriebsmitarbeiter verkörpert den Lieferanten, der Beschaffer den Kunden. Nach einiger Zeit spricht der Vertriebsmitarbeiter nur noch von „seinen" Kunden und Interessenten. Durch die folgenden Vertragsabschlüsse erhält er immer wieder eine Bestätigung dafür, dass er seine Arbeit gut erledigt und die Kunden mit ihm zufrieden sind. Dadurch, dass Vertriebsmitarbeiter und Kunden immer mehr voneinander wissen, geht die Arbeit schneller voran, die Verkaufsproduktivität steigt an.

Nun kommt es zu einer Veränderung in der Vertriebsstruktur, die nach sich zieht, dass der Vertriebsmitarbeiter einige seiner Kunden und Interessenten an einen Kollegen abgeben muss, und im Gegenzug erhält er womöglich noch nicht aufgearbeitetes Potenzial eines anderen Kollegen. Das ist der Moment, wo im Vertriebsalltag eine anspruchsvolle Situation entstehen kann, die nur mit sehr viel Mühe bewältigt werden kann. Der Vertriebsmitarbeiter könnte eine Diskussion darüber beginnen – und das kommt vor –, dass er sich „seine" Kunden nicht wegnehmen lassen will, schließlich hat er zu allen seinen Kunden eine ausgezeichnete Beziehungsebene aufgebaut, und die Kunden kaufen nur bei ihm. Er kann auch gar nicht verstehen, was diese neue Struktur soll – am besten wäre es für das Unternehmen, wenn alles so bliebe, wie es ist. Diese Diskussion ist inhaltlich falsch. Das Unternehmen, die Vertriebsleitung hat das Recht, seine Vertriebsmitarbeiter so einzusetzen, dass aus der Sicht des Managements die bestmöglichen Resultate erzielt werden können. Ausnahmen bilden nur selbstständige Handelsvertreter – für angestellte Reisende, so der korrekte Begriff für den angestellten Vertriebsmitarbeiter, gilt das oben Erwähnte. Das Potenzial gehört niemanden und stellt auch die falsche Diskussionsgrundlage dar. Warum komme ich auf dieses Problem? Weil es immer wieder anzutreffen ist und letztlich meistens darin endet, dass eine neue und/ oder veränderte Vertriebsstruktur eingeführt wird, während sich mancher Vertriebsmitarbeiter heillos in der Potenzialdiskussion verheddert hat und frustriert zurückbleibt. Es ist schwierig, aus diesem so entstandenen Tief wieder herauszukommen. Manchmal gelingt es gar nicht mehr. Mein Ratschlag an Sie ist: Gehen Sie gelassen mit der Veränderung von Potenzialen um. Denken Sie daran, dass es zu den Hoheitsrechten der Vertriebs- oder Unternehmensleitung gehört, die Vertriebsmannschaft nach ihren Vorstellungen einzusetzen. Gehen Sie ferner davon aus, dass diese Veränderungen in der Regel vorher diskutiert worden sind und „Für" und „Wider" abgestimmt wurden. Niemand hat ein ernstes Interesse daran, Fehlentscheidungen zu treffen. Wenn Sie spüren, dass etwas nicht bedacht worden ist oder sogar Unsinn auf den Vertrieb zukommt, dann seien Sie in Ihrer Argumentation konstruktiv, geben Sie konkrete Hinweise auf das Problem und zeigen Sie Lösungsansätze auf.

3.7 Team-Selling – eine anspruchsvolle Sonderform im Verkauf

Einige Verkaufsorganisationen sind so aufgestellt, dass sie der Idee „one face to the customer" – also ein Vertriebsansprechpartner pro Kunde – folgen. Dahinter steckt der Gedanke, dass es für den Kunden einfacher ist, sich nur an einen Ansprechpartner zu gewöhnen und nur zu einem Vertriebsmitarbeiter eines Lieferanten ein Vertrauensverhältnis aufbauen zu müssen. Aus Sicht des Lieferanten ist es natürlich auch effizienter, wenn nur ein Vertriebsmitarbeiter einen Kunden betreut. Der persönliche Verkauf zählt zu den teuersten Vertriebsformen. In den meisten Fällen ist die Anwendung des Prinzips „one face to the customer" auch stimmig und optimal, vor allem dann, wenn der Leistungsumfang des Lieferanten sehr übersichtlich ist und wirklich von einem Vertriebsmitarbeiter zur Gänze bewältigt werden kann.

Es gibt aber auch eine Vielzahl von Verkaufsorganisationen, die mit dem sogenannten „Generalisten-Dilemma" zu kämpfen haben. Unter dem Generalisten-Dilemma verstehen wir den Umstand, dass es, falls das Unternehmen ein sehr breites Leistungsspektrum vermarktet, für Vertriebsmitarbeiter ungemein schwierig, wenn nicht sogar unmöglich ist, alle Facetten von allen Produkten und Dienstleistungen sehr gut zu kennen und perfekt zu vertreiben.

3.7 Team-Selling – eine anspruchsvolle Sonderform im Verkauf

Der Vertriebsmitarbeiter steckt in einem Dilemma. Um jedes Produkt und jede Dienstleistung optimal verkaufen zu können, müsste er sich jeweils zu 100 % auf die Produkte oder die Dienstleistungen des gesamten Leistungsumfanges fokusieren. Das kann er aber nicht, da er sich nicht mehrfach fokussieren kann und ihm dafür die Zeit fehlt. Außerdem würde ihn die schiere Menge an notwendigem Wissen überfordern, vom Wettbewerbswissen einmal ganz abgesehen. Was tut der Vertriebsmitarbeiter also? Er greift sich diejenigen Produkte und/oder Dienstleistungen heraus, von der denen er annimmt, dass er sie am besten vermarkten kann, die am besten zu ihm und seinen Kunden passen – d. h. er definiert seinen Tätigkeitsschwerpunkt selbst, quasi jeder für sich. Das Generalisten-Dilemma provoziert geradezu eine Situation, die nicht im Sinne der Unternehmensleitung sein kann, da mögliches Geschäftsvolumen in größerem Umfange nicht realisiert wird, das bei einer Fokussierung sicher hätte realisiert werden können. Um eine Fokussierung in allen Leistungsbereichen sicherstellen zu können, müsste das Unternehmen seine Vertriebsmannschaft signifikant aufstocken, was aber sehr kostspielig ist. Was kann getan werden? Einige Unternehmen entschließen sich richtigerweise für den Einsatz von Vertriebsspezialisten, die sich auf eine Produktgruppe oder Dienstleistung fokussieren und für eine größere Gruppe von Vertriebsmitarbeitern verantwortlich sind. Aufgrund der zu erwartenden Arbeitsteilung kann der Spezialist ungleich mehr Verkaufszyklen des fokussierten Leistungsumfanges bearbeiten. Um den Grundsatz des „one face to the customer" nicht zu verletzten, bleibt ein Vertriebsmitarbeiter weiterhin der Hauptansprechpartner für den Endkunden, aber je nach Bedarf gehen dann zwei Vertriebsmitarbeiter – der Hauptansprechpartner und Verkaufsspezialist – gemeinsam auf den Endkunden zu. Diese Vorgehensweise ist bei richtiger Anwendung sehr effizient und erfolgreich.

Ein Hinweis an dieser Stelle: Es ist für die meisten Beschaffer oder Beschaffungsteams vollkommen ok, wenn zwei Vertriebsmitarbeiter an einem Fall arbeiten. Viele finden das sogar sehr gut, da sie sich ein besseres Arbeitsergebnis davon versprechen – sie fühlen sich aufgewertet, da das Unternehmen bereit ist, zwei Vertriebsprofis an „ihrem" Vorhaben arbeiten zu lassen.

Bei einer solchen Sonderform des Verkaufs können wie oben beschrieben die zu erzielenden Ergebnisse außergewöhnlich gut sein. Aber es müssen einige Voraussetzungen geschaffen, Dinge bedacht werden, damit es wirklich funktioniert:

- Das Selbstverständnis und die Rollen beider Vertriebsmitarbeiter müssen transparent und bekannt gemacht werden.
- Die Rolle des Vertriebsspezialisten muss definiert sein.
- Das Provisionssystem muss angemessen gestaltet werden.
- Die Ziele sind klar zu definieren.

3.7.1 Chancen und Risiken in der Zusammenarbeit transparent und bekannt machen

Dieser Abschnitt wird spannend – freuen Sie sich darauf! Der normale Karriereweg eines Vertriebsmitarbeiters sieht wie folgt aus:

- Nach erfolgreicher Bewerbungsphase folgt die Einstellung
- Durchlaufen verschiedener Basisschulungen – Theorie, Training, Felderfahrungen
- Einsatz in einem Verkaufsteam
- Übernahme von Verkaufsverantwortung durch Übertragung eines Verkaufsbezirks
- Coaching durch Mentor und Führungskraft bei der Bezirksaufarbeitung
- Erste Angebote, erster Abschluss – Freude und erste Bestätigung
- Folgeabschlüsse, weitere Bestätigungen
- Erreichen der Jahresziele, Anerkennung und Wertschätzung, weitere Bestätigungen
- Der persönliche Verkaufsstil bildet sich heraus, die eigene Verkaufsproduktivität steigt weiter an
- Anerkennung vom Vorgesetzen, Achtung, Ansehen im Unternehmen und das Einkommen steigen weiter an – erneute Bestätigung
- Abrundung der Verkäuferpersönlichkeit durch Trainings, weitere Steigerung der Vertriebsproduktivität, nächste Karriereschritte werden geplant
- und so weiter...

Dieser exemplarische, aber realistische Karriereweg wird von einer nahezu unendlich scheinenden Anzahl von Bestätigungen begleitet. Es ist beinahe eine unabwendbare Folge, dass der einzelne Vertriebsmitarbeiter irgendwann an die Richtigkeit seiner Vorgehensweise glaubt bzw. davon überzeugt ist, dass

3.7 Team-Selling – eine anspruchsvolle Sonderform im Verkauf 113

sein Weg, seine Vorgehensweisen und Prinzipien und sein Verkaufsstil zum Verkaufserfolg führen. Es ist auch richtig, dass der Vertriebsmitarbeiter davon überzeugt ist, das stärkt sein Selbstbewusstsein, macht ihn stolz und motiviert ihn immer wieder, gute Verkaufsergebnisse zu erzielen. Er hat auf seinem Karriereweg auch gelernt, meistens alleine vorzugehen, die Verhandlungen alleine zu führen, schöne und weniger schöne Momente mit sich selbst auszumachen, und auch der Verdienst steht ihm alleine zu.

Und jetzt das: Team-Selling mit einem anderen Kollegen! Beide können mehrjährige Verkaufserfolge nachweisen, doch im ersten Kundengespräch stellen beide fest: „Er geht ja gar nicht so vor wie ich – was macht der denn da? Ich muss eingreifen, um den Abschluss nicht zu gefährden, der macht ja alles falsch!" Das Kundengespräch verläuft zäh und mühsam. Nach dem Gespräch, zurück im Auto, geht es dann los: Beide versuchen dem anderen klarzumachen, wo die Fehler lagen, was man hätte besser machen können, beide versuchen ihre Vorgehensweise durchzusetzen. Man versucht, Abmachungen zu treffen, was beim nächsten Gespräch wie zu laufen hat, usw. Ein heilloses Unterfangen – beide Kollegen, die sonst eigentlich gut miteinander auskommen, verstehen die Welt nicht mehr. Was ist geschehen? Ursachen für eine solch ungünstige Entwicklung im Team-Selling sind:

- der individuelle Karriereweg jedes einzelnen Vertriebsmitarbeiters und die damit in Zusammenhang stehenden Bestätigungen für die Richtigkeit seiner Vorgehensweisen,
- die Tatsache, dass Vertriebsmitarbeiter es gewohnt sind, die Verkaufsaufgabe alleine zu lösen, sozusagen „alleine in die Schlacht zu ziehen",
- die individuellen Verkaufsstile jedes Vertriebsmitarbeiters,
- die Natur des Verkäufers, der häufig den sogenannten „Alpha-Tieren" zugeordnet wird: er möchte das Geschehen alleine kontrollieren,
- Eitelkeit und Neidgefühle, die Sorge, dass der andere womöglich etwas besser kann,
- Verlustängste, z. B. die Kundenbeziehung an den Kollegen zu verlieren oder „seinen" Kunden teilen zu müssen.

Diese Ursachen haben jede für sich genommen eine enorme Bedeutung. Sie können nicht beseitigt werden. Sie können auch nicht ignoriert werden. Wichtig ist es für beide Partner, dass sie sich über diese Ursachen im klaren sind, dass sie diese Ursachen annehmen, so wie sie sind. Erst dann wird es möglich, schlagkräftiges Team-Selling zu praktizieren. Team-Selling funktioniert immer dann, wenn

- beide Partner über ihre Stärken sprechen und die Bereitschaft erzeugen, dass beide ihren Part erhalten, um im Kundengespräch diese Stärken zu zeigen; das bedeutet für beide Partner, sich aktiv zurück zu nehmen, denn die Verkaufsgespräche werden nicht doppelt so lange dauern, sondern vermutlich nur ein wenig länger.
- beide Partner verstehen, dass es zwar allgemein gültige Prinzipien, Methoden und Grundsätze im Verkauf gibt, aber die Konkretisierung immer individuell ist. D. h. es führen mehrere Wege ans Ziel, viele Vorgehensweisen stehen gleichberechtigt nebeneinander, es gibt oft kein „besser" oder „schlechter".
- beide Partner versuchen, voneinander zu lernen. Was macht der andere besonders gut? Weshalb tut er es so? Was sind seine Grundgedanken dazu? Voneinander in der Verkaufspraxis zu lernen, ist einer der größten Nebeneffekte des Team-Selling. Das Lernen in Live-Situationen ist wertvoll und selten – das sollten beide Partner unbedingt nutzen.
- beide Partner möglichst oft miteinander arbeiten. Sie gewöhnen sich aneinander und stellen sich aufeinander ein, sie lenken im richtigen Moment das Gespräch auf den Partner und geben auf sich und den Verkaufsprozess acht.
- beide Partner lernen, sich die Aufgaben zu teilen, im besten Fall jeder 50 %. Bei einer optimalen Zusammenarbeit steigt die Abschlussrate im Vergleich zum Alleinvertriebsmitarbeiter. Die Teilung der Arbeit und gute Teamarbeit sind die Ursachen für die Effizienzsteigerung.

3.7.2 Die Rolle des Vertriebsspezialisten definieren

Bei richtiger Anwendung des Team-Selling-Verfahrens, bei dem einer der Partner sich zu 100 % auf einen bestimmten Leistungsumfang fokussiert, sind diese Spezialisten nicht im gleichen Verkaufsteam eingegliedert, sondern in der Regel in einem eigenen Verkaufsteam. Das verbessert die Möglichkeiten der Fokussierung enorm, da Führungskräfte und die angegliederten Bereiche wie Marketing, Service und Controlling sich alle auf den gleichen Fokus ausrich-

3.7 Team-Selling – eine anspruchsvolle Sonderform im Verkauf

ten. Das gilt vor allem für Budget und Zielsetzungen. Sie befruchten sich aber auch mit Ideen, Anregungen und Maßnahmen gegenseitig und können somit die Schlagkraft weiter ausbauen. Das bedeutet, dass die Vertriebsspezialisten-Teams neben den Generalisten-Teams stehen. Daraus folgt, dass die Vertriebsspezialisten selbst in der Matrix arbeiten. Worin besteht demnach die Rolle des Vertriebsspezialisten? Exemplarisch stelle ich Ihnen nachfolgend ein mögliches Rollenprofil vor:

- Sie sind Verkaufsspezialisten für den eingegrenzten Leistungsumfang.
- Sie haben den Auftrag, das Geschäftsvolumen des eingegrenzten Leistungsumfanges gemäß der Zielsetzungen und Budgets zu entwickeln und zu managen.
- Sie entwickeln Konzepte und Verkaufsstrategien zur Erreichung der Verkaufsziele.
- Sie vereinbaren mit ihren Partnern gemeinsam Maßnahmen und Pläne zur Erreichung der Ziele, sie nehmen also Führungsaufgaben war. Das ist nicht einfach, denn der Verkäufer hat ja auch eine eigene disziplinarische Führungskraft – hier ist Abstimmung notwendig.
- Sie unterstützen nicht den „Generalisten", sie sind selbst Verkäufer mit einer Verkaufsaufgabe, die sie gemeinsam mit ihrem Partner im Team-Selling-Verfahren lösen.

Die vorherige Definition des Rollenverständnisses ist eine wichtige Voraussetzung dafür, dass Team-Selling von Anbeginn funktionieren kann. Sollte eine Konstellation entstehen, die eine exakte Definition nicht möglich macht, weil beispielsweise noch keine Erfahrungen vorhanden sind, dann sollte das Management der Definition höchste Beachtung schenken und so zeitnah wie möglich das Rollenverständnis beschreiben und kommunizieren. Nichts ist in diesem Zusammenhang schlimmer, als das einzelne Vertriebsmitarbeiter oder -Teams ihre eigenen Definitionen finden oder Interpretationen darüber anstellen, wie es wohl gemeint sein könnte. Denn danach würden sie auch ihr Verhalten und die Praxis des Team-Selling, wenn es dann überhaupt noch Team-Selling ist, ausrichten. Dies würde zu unterschiedlichen Vorgehensweisen führen, die womöglich zueinander in Konflikt stehen – das gemeinsame Verständnis für die richtige Strategie würde fehlen. In einer solchen Situation ist es wahrscheinlich, dass diese Vertriebsform zum Scheitern verurteilt ist.

3.7.3 Das Provisionssystem gestalten

Bei der Ankündigung der Einführung von Team-Selling, d. h. mehr als ein Vertriebsmitarbeiter geht auf einen Kunden zu und bearbeitet einen Verkaufszyklus, keimt in der Regel recht schnell die Frage nach der Provision auf. Hier gibt es nun verschiedene Möglichkeiten, wie mit diesem Thema umgegangen werden kann. Hinsichtlich der Ausgangslage ist es so, dass im besten Fall ein Vertragsabschluss durch zwei Vertriebsmitarbeiter herbeigeführt wird. Üblicherweise wird für einen Vertragsabschluss einmal eine Provision gezahlt. Welche Möglichkeiten bestehen aber, wenn zwei Vertriebsmitarbeiter am Abschluss des Vertrages in erheblichem Maße beteiligt waren?

Möglichkeit 1: Teilung der Provision zu je 50 % Die Teilung zu je gleichen Teilen ist theoretisch und auch praktisch eine sehr faire Form der Aufteilung, da sie niemanden benachteiligt. Selbst wenn augenscheinlich die Arbeit im Nachhinein ungleich verteilt erscheint, so ist es doch sehr schwer, wenn nicht unmöglich, festzustellen, welche qualitative Aktion welche zielführende Wirkung – also den Vertragsabschluss – ausgemacht hat. Demnach bleibt es dabei, dass die Teilung fair ist, aber sie hat auch einen Nachteil. Beide Vertriebsmitarbeiter geben 50 % ab und könnten denken: Wenn ich es ganz alleine gemacht hätte – so wie vor der Einführung –, dann hätte ich 100 % der Provision erhalten, nun bekomme ich nur die Hälfte davon. Kann ich mein Zieleinkommen jetzt noch erreichen?

Möglichkeit 2: Teilung nach einen vorher festzulegenden Schlüssel „25:75", „50:50", „75:25" Bei dieser Form der Provisionsteilung vereinbaren beide Partner von vorn herein einen Aufteilungsschlüssel für den Fall des Vertragsabschlusses. Im Anteil des Verteilungsschlüssels 25, 50 oder 75 % sollen der anfallende Aufwand und auch der wahrscheinliche Einfluss im Hinblick auf den Vertragsabschluss des jeweiligen Partners zum Ausdruck kommen. Ein Beispiel: Der Endkunde X beabsichtigt, eine neue Fertigungsstraße zu beschaffen. Aufgrund der Erfahrungen in der Vergangenheit hat Partner A keine so gute Beziehung zu dem Beschaffer, wohl aber zu den Anwendern aufbauen können. Die Anwender haben zwar nur einen geringen Einfluss auf die endgültige Entscheidung, aber sie besitzen ein Veto-Recht, d. h. sie müssen grundsätzlich einem potenziellen Lieferanten die Zustimmung erteilen. Nun könnten die Aufgaben so aufgeteilt werden, dass Partner A sich auf die Anwender konzent-

3.7 Team-Selling – eine anspruchsvolle Sonderform im Verkauf

riert und Partner B die Beschaffer ins Visier nimmt. Den Verkaufsprozess inkl. Bedarfsanalyse, Konzeption, Angebotserstellung und Verhandlungsführung soll Partner B federführend übernehmen. Die beiden einigen sich aufgrund der Aufgabenteilung darauf, dass im Falle eines Vertragsabschlusses Partner A 25 % und Partner B 75 % der Provision bekommt.

Möglichkeit 3: Die Provision wird nicht geteilt, sondern doppelt bezahlt In diesem Fall rechnet jeder Partner nach erfolgreichem Vertragsabschluss gemäß seiner gültigen Provisionsvereinbarung seine Provision zu 100 % ab. Nur bei dieser Form der Kompensation ist sichergestellt, dass hinsichtlich des Geldes keine Blockaden gegenüber einer Zusammenarbeit entstehen können. Auf der anderen Seite ist es nur dann sinnvoll, eine solch „teure" Form der Bezahlung zu wählen, wenn angenommen werden kann, das im Team-Selling-Verfahren die Effizienzsteigerung durch Fokussierung, also die zu erwartenden Verkaufsergebnisse, die zusätzlichen Kosten deutlich übersteigen.

▶ **Praxistipp** Das Provisionsprogramm sollte so gestaltet und kalkuliert werden, dass die Vertriebsmitarbeiter, die grundsätzlich oder zu einem Teil Team-Selling praktizieren, bei 100 % Zielerreichung auch 100 % des Zieleinkommens erwirtschaften können. Diesen für das Unternehmen höheren Kosten sind die Mehreinnahmen durch Effizienzsteigerungen entgegenzustellen. Die Effizienzsteigerungen finden ihren Niederschlag in den Verkaufszielen und Budgets – die Rechnung geht dann auf, wenn die zusätzlichen Ergebnisse die Mehrkosten übersteigen.

3.7.4 Ein Grundsatz, um Ziele richtig zu stecken

Beim Einsatz von Vertriebsspezialisten in der oben beschriebenen Sonderform sind diese in einem gesonderten Team organisiert, um die Fokussierung bestmöglich sicherstellen zu können. Das bedeutet, dass für diese Vertriebsmitarbeiter ihrer Fokussierung entsprechend eigene Ziele definiert werden müssen. Bei der Zielfindung ist darauf zu achten, dass Zielkonflikte mit den Partnern soweit es geht ausgeschlossen werden. Hierzu ist zwischen den verantwortlichen Vertriebsleitungen eine enge Abstimmung erforderlich. Auch wenn sich Zielkonflikte nicht gänzlich vermeiden lassen sollten, so ist es doch entscheidend, diese so weit wie möglich einzudämmen, denn aufgrund des Steuerungseffekts, also der gezielten Verhaltensbeeinflussung der Vertriebsmitarbeiter, ist jeder Zielkonflikt kontraproduktiv. Der Versuch, es bei guten Worten oder Appellen an das „unternehmerische Gewissen" zu belassen, ist hier wenig hilfreich – im Zweifel verpuffen solche Appelle.

3.8 Ihre Karrieremöglichkeiten – Sie gestalten die Zukunft

Auf der Suche nach einem geeigneten Karrierestart entscheiden sich immer mehr Hochschulabsolventen für den Vertrieb. Doch die wenigsten verfolgen das Ziel, dort bis zur Pensionierung einer Vertriebsaufgabe nachzugehen. Der Wunsch nach Aufstieg, größerem Verantwortungsspielraum und beruflicher Weiterentwicklung ist stark ausgeprägt und eigentlich immer anzutreffen.

3.8.1 Wann ist der nächste Karriereschritt sinnvoll – wie bereite ich ihn vor?

Viele Vertriebsmitarbeiter stellen sich die Frage, wann denn der nächste Karriereschritt überhaupt sinnvoll ist, oder anders herum gefragt: Wie lange sollte ich mindestens oder längstens als Vertriebsmitarbeiter tätig sein, bis der nächste Schritt ansteht? Welche Voraussetzungen sollten erfüllt sein, damit die nächsten Karriereschritte ins Blickfeld gerückt werden können? Reichen außergewöhnliche Spitzenleistungen aus, um mich für den nächsten Schritt zu qualifizieren, oder kann ich vielleicht sogar ein „Recht" daraus ableiten? Die nachstehenden Voraussetzungen stellen eine Orientierung dar und sollen Ihnen grundsätzlich helfen, sich dem Thema zu nähern und es richtig einzuordnen. Die Bedingungen sind eher allgemein gültig, im konkreten Arbeitsumfeld eines Unternehmens kann es Abweichungen dazu geben.

Voraussetzung 1: Wer sich im Vertrieb weiterentwickeln möchte, der sollte unter Beweis gestellt haben, dass er das Handwerk nicht nur erlernt hat, sondern auch beherrscht, und das über mehrere Jahre. Er sollte Durchhaltevermö-

3.8 Ihre Karrieremöglichkeiten – Sie gestalten die Zukunft

gen zeigen und mehr als einmal seine Verkaufsziele erreicht haben. Im Vertrieb erklärungsbedürftiger Investitionsgüter können zwischen drei und fünf Jahren bis zum nächsten Schritt zugrunde gelegt werden.

Voraussetzung 2: Der Vertriebsmitarbeiter sollte seine mittelfristigen Karriereabsichten frühzeitig im Rahmen des Mitarbeitergesprächs formulieren und die Meinung seines Vorgesetzten dazu einholen. Wie sieht der Vorgesetzte mich? Traut er mir mittelfristig eine Weiterentwicklung zu? Welche könnte dies sein?

Voraussetzung 3: Sie sollten sich selbst prüfen, ob Sie bereit sind, über den Tellerrand zu blicken. Mitarbeiter, die sich für eine Weiterentwicklung eignen, sind auch diejenigen, die bereit sind, z. B. Sonderaufgaben zu übernehmen oder etwas mehr zu leisten, als grundsätzlich von ihnen verlangt wird. Sie sollten in der Lage sein, den Unternehmensalltag aus der Sicht des Managements betrachten zu können.

Voraussetzung 4: Nicht nur die Beziehung zum direkten Vorgesetzten, sondern auch die Beziehung zum nächst höheren Vorgesetzen sollte intakt und tragfähig sein. Auch er sollte ein gutes Bild von Ihnen haben und sich vorstellen können, dass einem nächsten Schritt nichts im Wege steht.

Voraussetzung 5: Mitarbeiter, die sich im Unternehmen auf der Karriereleiter weiterentwickeln möchten, müssen bereit sein, auch sich selbst persönlich weiterzuentwickeln. Diese Mitarbeiter sind fähig, Feedback anzunehmen, und bereit, an sich zu arbeiten.

Voraussetzung 6: Es sollte klar sein, wohin die Reise geht – steht die Sache oder stehen Menschen im Vordergrund? Geht es in Richtung Projektmanagement oder eher in Richtung Mitarbeiterführung? Es gibt einen Punkt, an dem eine Grundsatzentscheidung getroffen werden muss. Ein Karriereweg verfolgt die Vergrößerung des Verantwortungsspielraums in der Sache, d. h. die Sache selbst steht im Vordergrund, während der Verantwortungsbereich zugleich größer und komplexer wird. Die Mitarbeiterführung ist Teil dieses Weges, steht jedoch nicht im Vordergrund. Ein anderer Karriereweg lässt die Sache in den Hintergrund treten – hier stehen Mitarbeiterführung und -verantwortung im Vordergrund (Abb. 3.4).

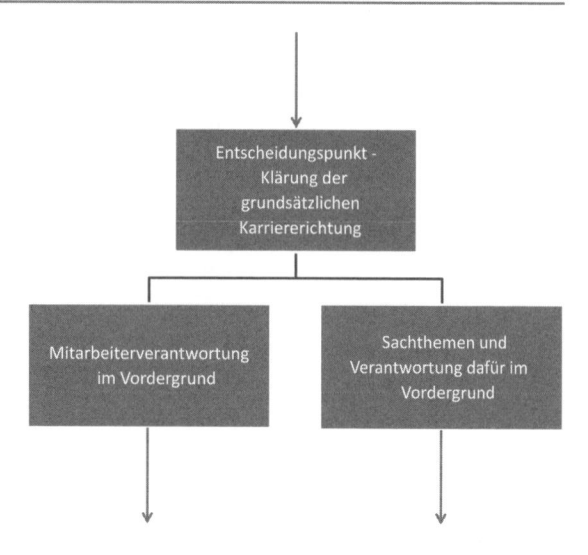

Abb. 3.4 Grundsatzentscheidung zum zukünftigen Karriereweg

```
                    ┌─────────────────────┐
                    │ Entscheidungspunkt -│
                    │    Klärung der      │
                    │   grundsätzlichen   │
                    │   Karriererichtung  │
                    └─────────────────────┘
                      │                │
          ┌───────────┴──────┐   ┌─────┴──────────────┐
          │ Mitarbeiterver-  │   │  Sachthemen und    │
          │  antwortung      │   │ Verantwortung dafür│
          │  im Vordergrund  │   │   im Vordergrund   │
          └──────────────────┘   └────────────────────┘
                   │                      │
                   ▼                      ▼
```

Diese Grundsatzentscheidung sollte vorbereitet werden. Es sollte rechtzeitig darüber nachgedacht werden, in welche Richtung sich der betroffene Vertriebsmitarbeiter entwickeln kann. Wozu eignet er sich am besten? Was möchte er selbst, wo sieht er sich? Die obige Abbildung stellt den Zusammenhang abstrakt dar. Es ist natürlich auch denkbar, dass ein Vertriebsmitarbeiter, der sich zur Führungskraft entwickeln möchte, einen Zwischenschritt im Feld „Sache" geht, z. B. als zeitlich befristeter Projektmanager.

3.8.2 Key Account Management

Eine sehr reizvolle Aufgabe, häufig die Königsdisziplin im Vertrieb genannt, ist die Vertriebsaufgabe als Key Account Manager. Die Funktion ist in der Regel mit einem deutlich weiter gefassten Handlungsspielraum und mit einem deutlich höheren Einkommen belegt. Key-Account-Kunden, auch „Schlüsselkunden" genannt, sind diejenigen Kunden und Interessenten, die einen besonders großen Beitrag zum Erreichen der Unternehmenszielsetzungen leisten oder leisten können. Sie bieten enorme Chancen, stellen aber auch, wenn sie bereits Kunden sind, ein hohes Risiko dar, für den Fall, dass das Unternehmen diese Kunden verliert. Es ist also sinnvoll, diesem Kunden- und Interessentenkreis besonderer Aufmerksamkeit zu widmen, sie in den Fokus zu nehmen. Die gezielte Bearbeitung und Betreuung dieses Kundenkreises wird durch Key Account Manager durchgeführt. Je nach Größe und Bedeutung des Kunden für ein Unternehmen kann es sein, dass ein Key Account Manager Verantwortung für lediglich einen Kunden hat. In vielen mittelständischen Unternehmen werden beispielsweise die Key-Account-Kunden von der Geschäftsleitung direkt betreut. Die Position des Key Account Managers ist angesehen und stellt eine konsequente Fortführung und Ausweitung des bisherigen Verantwortungsbereichs eines Vertriebsmitarbeiters dar – unbedingt zu empfehlen!

3.8.3 Projektmanagement

Das Aufgabenfeld eines Projektmanagers ist ebenfalls weiter gefasst als eine reine Vertriebsaufgabe und kann auch mit einem höheren Einkommen einhergehen. Das ist aber nicht grundsätzlich so. Im Vergleich zum Key Account Management ist das Projektmanagement in der Regel an ein konkretes Projekt gebunden und zeitlich befristet. Projektmanager setzen sich also immer wieder mit neuen Sachverhalten auseinander – das ist spannend und sehr reizvoll. Projektmanagement kann meistens nicht allein durchgeführt werden, sondern Projektmanager sind auf die Zuarbeit anderer angewiesen. Koordinationsaufgaben nehmen einen erheblichen Raum im Projektmanagement ein. Das bedeutet auch, dass Projektmanager mit andern Mitarbeitern Zeitpläne, Arbeitsinhalte usw. abstimmen, vereinbaren und den Fortgang überprüfen, gegebenenfalls korrigierend eingreifen. Letzteres sind Führungsaufgaben. Das heißt, obwohl ein Projektmanager zumeist keine Führungsverantwortung trägt, nimmt er dennoch Führungsaufgaben im Rahmen des Projektes wahr. Projektmanagement ist demnach eine sehr gute Vorbereitung für einen späteren Karriereschritt hin zur Führungskraft.

3.8.4 Mitarbeiterführung

Hierzulande wird Mitarbeiterführung, also „Chef werden", immer noch mit Karriere gleichgesetzt. Wer Chef wird, hat Karriere gemacht. Die Verantwortung für Mitarbeiter erscheint als Synonym für einen erfolgreichen Karriereweg. In der Gesellschaft genießt die Führungskraft im Vergleich zu vielen anderen ebenfalls verantwortungsvollen Funktionen immer noch höheres Ansehen: „Ich bin Verkaufsleiter" klingt offensichtlich immer noch gewichtiger als „Ich bin Projektmanager". Dieses objektiv eher falsche Bild von Karriere in der Gesellschaft bewegt immer noch viele Mitarbeiter, wenn sie die Frage nach dem nächsten Karriereschritt mit „Ich möchte gerne Führungskraft werden" beantworten. Aus diesen Gründen führe ich diesen Abschnitt mit einer kurzen Abhandlung zum Thema Mitarbeiterführung fort, damit Sie sich eine bessere Vorstellung von diesem Aufgabenfeld machen können. Vielleicht hilft Ihnen dies bei Ihrer zukünftigen Entscheidungsfindung.

Ein Mensch, der als Führungskraft Verantwortung für andere Menschen trägt, steht zunächst vor der Herausforderung, dass ihn die Gruppe auch als Führungskraft akzeptieren und anerkennen soll. Diese Akzeptanz kann mehr oder weniger von drei verschiedenen Autoritäten hergeleitet werden.

Die erste Autorität ist die **„Amtsautorität"**. In diesem Fall wird jemand durch Ernennung zur Führungskraft. Ihm werden disziplinarische Machtmittel quasi per Veröffentlichung durch andere Autoritätsinhaber übertragen. Den Mitarbeitern wird durch Beschluss jemand vorgesetzt. Ob der Mitarbeiter will oder nicht, diese Person ist jetzt Vorgesetzter.

Die zweite Autorität ist die **„Fachliche Autorität"**. Es stellt sich heraus, dass ein Mitarbeiter sein Handwerk ganz besonders gut beherrscht und in der Lage ist, anderen zu helfen, wenn sie in Schwierigkeiten stecken. Auch kann er als Vorbild fungieren, an denen sich die anderen Teammitglieder orientieren können.

Die dritte Autorität ist die **„Persönliche Autorität"**. Diese Autorität fußt allein auf der Persönlichkeit, dem Charakter und Verhalten des Vorgesetzten. Die Mitarbeiter akzeptieren die Führungskraft aufgrund seiner Persönlichkeit und folgen ihm und lassen sich führen – oder auch nicht.

Wenn wir uns nun die obigen Autoritäten ansehen, wird schnell klar, welche Voraussetzungen eine Führungskraft mitbringen sollte. Sie haben sicher auch schon einmal über eine Führungskraft sagen hören: „Er hat von der Sache keine Ahnung und ist charakterlich daneben. Er ist halt Chef geworden, weil sie keinen anderen hatten …" So sollte es natürlich besser nicht laufen.

Die schwächste aller Autoritäten ist die Amtsautorität. Wenn die anderen beiden Autoritäten nicht stimmen, dann haben es Mitarbeiter und Führungskraft schwer – kaum vorstellbar, dass es zu einem konstruktiven und leistungsorientierten Führungsklima kommt.

Die zweitschwächste Autorität ist die Fachliche Autorität. Das Prinzip, den besten Verkäufer zum Verkaufsleiter zu machen, in der Hoffnung, dass er in dieser Rolle die anderen zu Spitzenleistungen führen kann, ist mehr als einmal gescheitert. Fachliche Autorität ist in vielen Funktionsbereichen eine Voraussetzung, um spätere Führungsaufgaben übernehmen zu können, sie allein begründet die Führungskompetenz jedoch nicht.

Die entscheidende Autorität ist die „Persönliche Autorität". Führungsverhalten ist 1:1 mit den persönlichen Eigenschaften verbunden – man führt, so wie man ist. Und hier kommen wir nun zum entscheidenden Punkt. Entweder eignet sich ein Mensch zur Führung anderer Menschen aufgrund seiner Persönlichkeit, seiner natürlichen Autorität, seinem Basisverhalten, seinem grundsätzlichen Menschenbild, oder er eignet sich eher nicht dafür. Jeder Mensch, der eine Führungsaufgabe antritt, gelangt automatisch in die sogenannte Vaterrolle. Zu Anfang stellen sich die betroffenen Mitarbeiter Fragen wie:

- Kann ich meiner Führungskraft vertrauen?
- Kann ich mich meiner Führungskraft anvertrauen, wenn es mir einmal nicht gut geht? Wird sie mich auffangen?
- Ist meine Führungskraft ehrlich?
- Ist die Führungskraft mitarbeiterorientiert? Liegt ihr etwas an ihren Mitarbeitern?
- Ist die Führungskraft offen oder vertritt sie nur eine Ansicht, eine „Wahrheit"?

Alle diese Fragen beziehen sich in erster Linie auf die Persönlichkeit der Führungskraft und ihre charakterliche Eignung. Erst wenn diese Fragen mit „ja" beantwortet sind, fangen die Mitarbeiter an, die Führungskraft zu akzeptieren. Entweder ist die Antwort sofort möglich, da der Mensch den Mitarbeitern bekannt ist, oder sein Verhalten liefert die Antworten. Jede Führungskraft wird am Anfang im Hinblick auf die obigen Fragestellungen genau beobachtet und „analysiert".

Im Vertrieb kommt noch die Komponente der Fachlichen Autorität hinzu, da der Vertrieb handwerklich geprägt ist und Verkäufer sich in Sachen Verkauf meist nur von Menschen leiten lassen wollen, die ihrerseits selbst unter Beweis gestellt haben, dass ihre Verkaufsfähigkeiten und -methoden zum Erfolg geführt haben. Die Amtsautorität ist dann nicht viel mehr als eine formale Veröffentlichung, ein administrativer Akt – zu mehr eignet sie sich auch nicht.

Wenn es also um die Frage der Weiterentwicklung geht, dann muss, ähnlich wie bei der Auswahl für eine Vertriebsaufgabe, unbedingt die persönliche Eignung untersucht werden. Sind Sie eher eine Führungspersönlichkeit, oder liegen Ihre Stärken womöglich in anderen Bereichen? Dieser Punkt sollte abgeklärt werden, er sollte auf keinen Fall verdrängt oder übergangen werden.

3.9 Zum vorläufigen Schluss – worauf Sie noch achten sollten

Sie bewegen sich – womöglich nach einen Studium – zum ersten Mal in einem betrieblichen Umfeld. Das kann, wenn man es nicht gewohnt ist, in der Anfangszeit sehr herausfordernd und anstrengend sein. Abschließend möchte ich Ihnen einige Hinweise geben, die Ihnen helfen sollen, sich im betrieblichen Umfeld zurechtzufinden und sich eine gute Position erarbeiten zu können.

Regel 1: Seien Sie loyal Loyalität stellt eines der höchsten Werte in einem betrieblichen Umfeld dar. Das betriebliche Umfeld ist kein „Freundes-Club". Dennoch müssen die Mitarbeiter und Führungskräfte Vertrauen zueinander haben, um gut zusammenarbeiten zu können. Sie müssen sich nicht nur aufgabenbezogen, sondern auch in ihren Beziehungen aufeinander verlassen können. Loyales Verhalten begünstigt diese Anforderungen bzw. macht diese überhaupt erst möglich. Wenn Mitarbeiter sich untereinander oder in Zusammenarbeit mit der Führungskraft gegenseitig in den Rücken fallen, sollte einmal ein Fehler passieren oder Konflikte auftauchen, dann ist dies für das Arbeitsklima sehr ungünstig. Seien Sie in Ihrer Grundhaltung loyal gegenüber Ihrem direkten und dem nächst höheren Vorgesetzten; diese entscheiden nämlich zu einem späteren Zeitpunkt, ob Sie im Unternehmen den nächsten Karriereschritt gehen oder nicht. Loyalität wird zur Kenntnis genommen – verlassen Sie sich darauf.

Regel 2: Übernehmen Sie Sonderaufgaben Ihre Leistungsbereitschaft sollte nicht mit der Erledigung des direkt zugewiesenen Aufgabenumfanges enden. Durch die Übernahme von Sonderaufgaben haben Sie die Chance, Ihren Horizont zu erweitern und Ihren Vorgesetzten zu zeigen, dass mehr in Ihnen steckt

3.9 Zum vorläufigen Schluss – worauf Sie noch achten sollten

und Sie bereit sind, mehr Verantwortung zu übernehmen. Das ist eine Voraussetzung für weitere Karriereschritte.

Regel 3: Lassen Sie sich nicht von „der dunklen Seite der Macht" verführen Seien Sie ehrlich, mogeln Sie nicht. Nicht bei der Spesenabrechnung, nicht beim Betanken des PKW – beugen Sie nicht betriebliche Gesetze zu Ihren Gunsten, bleiben Sie auf dem Pfad der Tugend! Mit einem reinen Gewissen arbeitet es sich leichter! Und halten Sie sich von negativen Beeinflussern fern – sie bringen Sie nicht weiter.

Regel 4: Denken Sie unternehmerisch – engagieren Sie sich In nahezu jedem Unternehmen gibt es das sogenannte Ideen-Management, früher das „innerbetriebliche Vorschlagswesen" genannt. Machen Sie sich Gedanken, welche ergebniswirksamen Verbesserungen möglich sind. Äußern Sie Ihre Ideen und bringen Sie sich dadurch für Ihr Unternehmen ein. Wie bei Regel 1 können Sie davon ausgehen, dass ein solches Verhalten vom Management wahrgenommen wird.

Regel 5: Tun Sie Gutes und sprechen darüber Wenn Ihnen etwas Gutes gelungen ist, dann informieren Sie Ihren Vorgesetzten. Geben Sie ihm die Informationen zeitnah und von sich aus – warten Sie nicht, bis Sie gefragt werden. Setzen Sie dadurch Zeichen, so wird man auf Sie aufmerksam!

Regel 6: Bleiben Sie offen In den kommenden Jahren werden Sie sich Schritt für Schritt zur Verkäuferpersönlichkeit entwickeln. Ihre Aktivitäten werden mit Verkaufserfolgen belohnt – Sie werden auf vielfältige Art und Weise Bestätigung für die Richtigkeit Ihres Verhaltens erhalten. Sie werden oft spüren, wie gut es tut, Lob und Anerkennung für erreichte Ziele zu bekommen. Sie entwickeln Ihren Verkaufsstil und werden sich bewusst darüber, was Sie erfolgreich macht. Sie haben viel Selbstvertrauen. Das ist genau so, wie es sein soll – aber hierin steckt auch ein kleines Risiko, und darauf ich möchte Sie zum Abschluss dieses Buches hinweisen – nach dem Motto: „Gefahr erkannt, Gefahr gebannt". In den Jahren meiner beruflichen Tätigkeit als Führungskraft werden ich und viele Kollegen immer wieder mit dem Phänomen konfrontiert, dass mancher erfolgreicher Verkäufer für Feedback und Hinweise nicht mehr offen ist. Warum? Diese Mitarbeiter sind aufgrund der vielen Bestätigungen irgendwann so von der Richtigkeit ihres Stils und ihrer Prinzipien überzeugt, dass sie sich sehr schwer damit tun, andere Ansichten gelten zu lassen. Das ist ein großer Fehler. Der Mitarbeiter verschließt sich davor, neue Perspektiven einzunehmen und damit sich neu bietende Chancen wahrzunehmen, kurz: Er hört auf zu lernen.

Sie hingegen haben durch das Studium dieses Buches etwas anderes gelernt, nämlich dass es viele Verkaufsstile und somit viele kleine „Geheimnisse" gibt. Sie stehen immer im Zusammenhang mit der Persönlichkeit des Einzelnen. Das führt zu unterschiedlichem Verhalten und abweichenden Vorgehensweisen und Ausprägungen der verschiedenen Schritte im Verkaufsprozess. Auch spielen die Herkunft und der individuelle, vielleicht in verschiedenen Branchen gewonnene Erfahrungsschatz einzelner Verkäufer eine Rolle. Worauf Sie sich verlassen können: Ein sehr guter Verkäufer zeichnet sich dadurch aus, dass er für Rückmeldungen, Hinweise und andere Vorgehensweisen offen ist. Er ist neugierig, zu erfahren, was der andere anders macht, wo sein „Geheimnis" liegt. Er nimmt Feedback an, reflektiert und versucht ständig, sich weiter zu verbessern und dazuzulernen. Das geht aber nur, wenn man offen ist und bleibt. Wenn Sie das beherzigen, werden sich viele neue und vor allem nützliche Perspektiven für Sie öffnen. Hierbei wünsche ich Ihnen viel Erfolg.

Literatur

Dixit, Avinash K., und Barry J. Nalebuff. 1997. *Spieltheorie für Einsteiger, Strategisches Know-how für Gewinner*. Stuttgart: Schäffer-Poeschel.
Maas, Martin. 2011. *Praxiswissen Vertrieb, Berufseinstieg, Tagesgeschäft und Erfolgsstrategien*. 4. Aufl. Wiesbaden: Springer Gabler.
Spiess, Erika. 1987. *Der Verkäufer als Psychologe, Die 10 Gesetze der Verkaufspsychologie*. München: Norbert Müller.
Witt, Jürgen. 2010. *Kreativität und Innovation*. Hamburg: Windmühle.
Witt, Jürgen, Klaus Hoffmann, Herbert Tippkemper und Peter Schulte. 1983. *Modernes Marketing-Management*. Baden-Baden und Bad Homburg vor der Höhe.

Sachverzeichnis

A
Administration, 89
Akquisition, 53
Akquisitionsplan, 52
Akquisitionsziele, 53
audiovisuelle Kommunikation, 25
Außendienst, 6

B
Begehren, 44
Beratertyp, 4
Berufsbild, 5
Besuchsfrequenz, 30
Blinder Fleck, 32
Bring- und Holschuld, 23

C
Chancen, 112
Chancenpolster, 69, 72

D
Dankbarkeit, 38
Differenzierung, 7, 9, 11, 13, 15, 17, 19
Differenzierungsfeld, 15
Direktvertrieb, 6

E
Einkaufsteam, 4
Einkommen, 6

Einschätzungsschwierigkeiten, 35
Einstieg, 21, 23, 25, 27, 29, 31, 33
Erfolg, 6
Erwartungshaltungen, 103

F
Fehlentscheidungen, 42
Fleiß, 31

G
Gebrauchsgüter, 1
Geschenke, 39
Gesetz der Freundlichkeit, 40
Gesetz der Knappheit, 44
Gesetz der Konsistenz, 36
Gesetz der Mehrheit, 41
Gesetz der Reziprozität, 38

I
Image des Vertriebs, 5
Institutionsebene, 13
Intuition, 20
Investitionsgüterverkauf, 1
Investitionsrisiko, 1
Investitionsvolumen, 1

J
Ja sagen, 40
Johari-Fenster, 32

Junior-Verkaufsziel, 75
Junior-Vertriebsmitarbeiter, 99

K
Karrieremöglichkeiten, 118, 119, 121, 123
Karriereschritt, 118
Karriereweg, 112
Käufermarkt, 84
Kernleistung, 10
Key Account Management, 120
Kollegen, 96
Konfliktwahrscheinlichkeit, 102
konstruktives Feedback, 31
Kundentermin, 55

L
Leistungsbereitschaft, 101

M
Marktdynamik, 84
menschliches Verhalten, 36
Mitarbeiterführung, 121
Motive des Vertriebsmitarbeiters, 6
Mythos, 28

N
Negative Beeinflussungen, 94
Neueinsteiger, 21

P
Personenebene, 13
persönliche Differenzierung, 14, 63, 67
persönliche Kundenkontakte, 24
persönlicher Verkaufsstil, 77
persönlicher Wettbewerbsvorteil, 14
Persönlichkeitsmerkmale, 77
Potenzialfalle, 99
Produktschulungen, 23
Projektmanagement, 121
Provisionssystem, 87, 116

R
Rahmenbedingungen, 91
Referenz, 41
Restrukturierungen, 106
Risiken, 10, 112
Robert Cialdini, 38, 41, 44
Rolle des Vertriebsmitarbeiters, 3
Routine, 76

S
Schnittstellenmanagement, 90
Selbsttrainingsprogramm, 45
Senior-Verkaufsziel, 75
Soziale Netzwerke, 25
Strategieänderung, 106
Strategiemodifikation, 106
Strategische Dreieck, 9

T
Team-Selling, 96, 110, 111, 113, 115, 117

U
Umgang mit Hindernissen, 88, 89, 91, 93, 95, 97, 99, 101, 103
Umgang mit Niederlagen, 78
Umgang mit Veränderungen, 107
Unternehmenssituation, 85

V
Veränderungsbereitschaft, 104, 105, 107, 109
Verhaltensweisen, 20
Verhandlungsergebnisse, 82
Verhandlungsführer, 82
Verkäufermarkt, 84
Verkäuferpersönlichkeit, 4
Verkaufseffizienz, 23
Verkaufserfolg, 22, 28
Verkaufskonzeption, 7
Verkaufsplan, 57, 63
Verkaufspotenzial, 52, 109
verkaufspsychologische Grundlagen, 35

Sachverzeichnis

Verkaufsteam, 96
Verkaufszyklus, 26
Vertragsabschluss, 3, 26
Vertragsabschlussplanung, 72, 74
Vertriebsspezialist, 114
Vorgesetzte, 98

Wettbewerbsvorteil, 11
Wettbewerbsvorteile, 67, 69

Z
Zeitplanung, 48, 50
Ziele, 117

W
Wettbewerb, 4
Wettbewerber, 84